JN098655

開発コンサルタント
という仕事

国際協力の現場を駆けめぐる

笹尾隆二郎 *Sasao Ryujiro*

日本評論社

は じ め に ─────────────────────────────────── ◉

　私は、民間企業に所属する「開発コンサルタント」として、日本政府のODA
（Official Development Assistance：政府開発援助）事業に約四半世紀、従事し
てきました。件数でいうと、60数件、業務で渡航した国の数は35カ国になりま
す。

　開発コンサルタントという言葉は、みなさんにはあまりなじみのない言葉か
もしれません。詳しくは1章で説明しますが、一言でいうと、「専門知識を生
かして開発途上国の現場で現地の人々を支援する」仕事であり、みなさんが新
聞などで目にするODA事業を現場で支えている仕事です。

　私はさほど若いうちから開発コンサルタントを志していたわけではありませ
ん。ただ、私が大学生のころ（1980年ごろ）、開発途上国の貧困や飢餓の問題
はマスメディアに大きく取り上げられ、朝日・毎日・読売のいわゆる3大紙が
「アフリカ飢餓撲滅キャンペーン」を張っていました。がりがりにやせ細った
子どもたちの写真は私に強烈なインパクトを与え、日本はこんなに豊かなのに
（当時、日本経済は絶頂期にありました）、世界にはこんな苦しみを味わってい
る人たちがいる。このように困っている人々を支援するような仕事に就けない
だろうか、と漠然と思っていました。大学卒業後、いったん民間企業（日本の
銀行や外資系銀行）に勤務しましたが、学生時代の思いはその後もくすぶり続
けました。30歳くらいの時に、外務省のJPOという制度（外務省がスポンサ
ーとなり、国連の見習い職員として日本人が派遣される制度）を活用して国連
機関に勤務することができ、その後、開発コンサルタントになりました。

　大学生や若い社会人のみなさんの中にも、国際協力の世界で働きたいと思っ
ている人が少なくないと思います。国際協力と一言でいっても、国際機関や日
本政府が行うものから、地方自治体・大学・NGOなどが行うものまで、いろ
いろな種類があります。特に日本政府が行う国際協力、すなわち、ODA事業
は、主に外務省や大使館、あるいはJICA（国際協力機構）の職員が実施して

いるのだろうと思われている方も多いでしょう。もちろん、こうした方々は、ODA事業の実施において国内および開発途上国で陣頭指揮を執っておられます。しかしながら、より現場に近いレベルでは、我々開発コンサルタントも数多くの国で、さまざまな分野での人材づくりや技術の普及、いろいろなインフラ施設の建設などに携わっています。

開発コンサルタントというキャリアの終盤に来ている私という人間が、国際協力に関心のある若い世代へのメッセージとして、日ごろ、あまりみなさんの目にする機会のない開発コンサルタントの仕事を知ってもらい、ひとりでも多くの若者に、非常に面白くかつやりがいのある我々の業界に飛び込んできていただきたいと考えたのが、本書を執筆した動機です。

私が筆を執った理由をもう少し詳しく説明すると、以下の3点があります。

1点目は、ここ10年くらいのスパンで見たときに、若い世代の国際協力業界への就職希望者が減少しているという背景があります。わが国は、1991年から2000年までの10年間は、全世界で最もODA予算の大きな国でした。しかしながら、日本経済の減速や政府の財政状況の厳しさを反映し、ODA予算の伸びは鈍化しています。開発コンサルティングの原資であるODA予算は、今後も大きく伸びることはないでしょう。であるとしても、日本政府は、国際社会への貢献を国是としており、ODA事業がなくなることはないでしょうし、それゆえ開発コンサルティングの必要性はなくならないと思います。それで、将来の開発コンサルティング業界を背負っていく若い世代に、魅力的な仕事である開発コンサルタントという仕事について詳しく紹介したいと思いました。

2点目として、国際協力に関する出版物は、従来、研究者（大学教員）の方々が執筆したものがほとんどで、開発の現場で活動しているコンサルタントの情報発信が極めて少ないという事実があります。また、コンサルタントの書いたものも、多くは事実記載中心の「体験談」にとどまり、必ずしも学生さんら若い世代の方たちにとって、今後どのような勉強をしたらよいか、どうキャリアを積み重ねたらよいか、ということへの指南書にはなっていませんでした。そこで、本書では、どうすれば開発コンサルタントになれるか、という視点で、みなさんへの紙上でのガイダンスを試みました。

3点目として、1点目の続きになりますが、開発コンサルタントを目指す方

たちに（あるいは、なったばかりの方にも）、専門的になりすぎない範囲で、仕事の詳細や自分の持てるノウハウを公開し、僭越ながら、将来の開発コンサルタントの仕事の質を高めることにも貢献したいと欲張りました。

　本書は、3部から構成されており、詳細は以下の通りです。

　第1部では、さまざまな国際協力のかたちを4章にわたって紹介します。1章でまず、世界の国際協力事業を概観します。世界中でいろいろな人たちが国際協力に取り組んでいることがよくわかると思います。2章では、国際社会が一丸となって追求している、現代の大きなテーマである、「持続可能な開発目標（SDGs）」を取り上げます。3章では、日本の国際協力事業の全体像を紹介します。4章では、開発コンサルタントの仕事を概観し、その日本の国際協力事業における位置づけを確認します。

　第2部「開発コンサルタントの仕事」では、5章でまず、開発コンサルタントの具体的な仕事を説明し、6章で、実際に私が携わった仕事の実例を紹介します。5章・6章を読んでいただければ、開発コンサルタントが何者であり、どんなことをしているのかがよくわかると思います。

　第3部「開発コンサルタントに必要な資質とキャリア形成」では、開発コンサルタントという仕事について関心を持っていただいた方々に、開発コンサルタントに必要な能力・スキルを紹介し（7章）、また、開発コンサルタントになるための資格要件とキャリア形成法（8章）も伝授します。さらに大学生、あるいは若い社会人の方々に、開発コンサルタントになるための「大学時代そして卒業してからの過ごし方」も具体的にアドバイスします（9章）。最後の10章では、9章まででみなさんに十分お伝えし切れなかった開発コンサルタントという職業の魅力についてもお話しします。

　国際協力に関心のある大学生や若い世代の方たちの多くに、開発コンサルタントの仕事を理解していただき、また、ひとりでも多くの方に開発コンサルタントを目指してもらえたら、筆者としては至上の喜びです。

　2020年8月

　　　　　　　　　　　　　　　　　　　笹尾　隆二郎

目　　次

さまざまな国際協力のかたち

第1部では、開発コンサルタントについて詳しく
ご紹介する前に、予備知識となるような事柄を説
明します。具体的には、まず世界の国際協力事業
の動向を見た上で、日本の国際協力事業について
知ってもらい、最後に開発コンサルタントの仕事
や位置づけについて説明します。

第1章

世界の国際協力事業

　この本を手に取られた方は、何かしら「開発コンサルタント」という言葉に関心を持たれたのだと思います。「開発コンサルタント」は、国際協力という大きな土俵の中で活動しています。そこで、「開発コンサルタント」についての話を始める前に、まずは国際協力と呼ばれる活動の類型を見てみたいと思います。

1　世界の開発問題の実情

　はじめに、国際協力を必要とする世界の開発問題の実情を少しのぞいてみましょう。

　少し前に『FACTFULNESS（ファクトフルネス）』[1]という本が世界的なベストセラーになりました。この本の趣旨は、開発問題に関し、世界中の多くの人は、固定観念を持っているというメッセージであり、一言でまとめると、「世界中にさまざまな問題はある。ただ、それらは少しずつ改善している」というものでした。この本の中でも取り上げられ、開発を考える代表的な指標のひとつである、「貧困者比率」[2]を例にとります。

1）ハンス・ロスリング、オーラ・ロスリング、アンナ・ロスリング・ロンランド著、上杉周作、関美和訳『FACTFULNESS——10の思い込みを乗り越え、データを基に世界を正しく見る習慣』日経BP、2019年。
2）1日に1.9ドル以下で生活をしている貧困者の割合を総人口で割ったもの（世界銀行）。

　1981年、大学生であった私が国際協力に関心を持ったころは、「貧困者比率」は世界全体で見ると4割を超えていました。しかしながら、この30年以上の世界経済の発展により、同じ数字は、2015年時点で1割程度にまで改善されています。この変化を見て驚いた方もいるでしょう。では、貧困は今やさほど深刻な問題ではないのかというと、そうでもありません。地域ごとに貧困者比率を見ると、いわゆるサブサハラ・アフリカ地域[3]では、2015年時点でも、4割を超えているのです（以上は、世界銀行「World Development Indicators」による[4]）。

　もうひとつ、保健衛生の分野でよく使われる乳幼児死亡率を見てみましょう。2000年以降、手の届く値段で質の高い保健サービスへのアクセスが向上したことで、子ども（新生児）の死亡数はおよそ半減し、妊産婦の死亡数は3分の1以上減少しました。しかしながら、2018年、サブサハラ・アフリカでは13人に1人の子どもが5歳未満で亡くなっています。これは、5歳未満児死亡が1000人に3人の割合である日本に比べて25倍以上高い割合です（以上は、UNICEFや世界銀行による）。

　このように長いスパンで見ると、世界の貧困や保健衛生上の課題は少しずつ改善されてきてはいますが、まだ多くの人々が今も苦しんでいます。

2　担い手による国際協力の分類

　国際協力は、その担い手によって、公的セクターによるものと民間セクターによるものに分けられます。前者の公的セクターが、いわゆるODA（Official Development Assistance：政府開発援助）になります。ODAとは、開発途上国[5]・地域に対し、経済開発や福祉の向上に寄与することを主たる目的とし

3）国連の最新の予測によると、世界の地域別で人口増のペースが最大なのが、アフリカ大陸のサハラ砂漠以南のサブサハラ・アフリカです。他地域に比べ高い出生率を保ち、2019年時点の10億6600万人から50年には21億1800万人に倍増すると予測されています（出所：『日本経済新聞』2019年6月21日付）。

4）出所：http://iresearch.worldbank.org/PovcalNet/povDuplicateWB.aspx（アクセス日：2020年6月21日）。

5）経済的先進国に対して、国民1人当たりの実質所得が低く、産業構造が一次産品に依存し、経済的発展の途上にある国々（三省堂『大辞林』より）。

て、公的機関によって供与される贈与および条件の緩やかな貸付等のことです。その対象となる開発途上国・地域は、OECD（Organisation for Economic Co-operation and Development：経済協力開発機構）[6]のDAC（Development Assistance Committee：開発援助委員会）が作成するリスト[7]に掲載されています。後者の民間セクターは、代表的なものは、NGO（Non-governmental Organization：非政府組織）の活動ですが、最近は、企業や市民による活動も活発です。

　ちなみに、2017年の公的セクターの資金規模は、主要国（上位7カ国）の支出純額の合計で約1108億ドルになり、このうち日本の貢献分は、約115億ドルです。この金額は、日本の国民総所得の0.23％になります[8]。

　それでは、以下で各セクターをもう少し詳しく見ていきましょう。

(1) 公的セクターによる国際協力

■多国間援助

　公的セクターによる国際協力の仕事（＝ODA）の主なアクターとしては、まず、国際連合（国連）があります。国連には、国連事務局や国際司法裁判所などの主要機関のほか、国連児童基金（UNICEF）、国連難民高等弁務官事務所（UNHCR）、国連開発計画（UNDP）、国連世界食糧計画（WFP）などの機関があります。これらは、恵まれない子どもたちや難民の救済、途上国の開発、食糧問題への対応など、それぞれの専門分野に関する調査・研究・対策な

6）先進国間の自由な意見交換・情報交換を通じて、①経済成長、②貿易自由化、③途上国支援に貢献することを目的とする組織です。2020年現在、先進国を中心に35カ国が加盟しています。本部は、パリ。
7）最新のリストは、2018〜20年を対象にしています。リストに載っているのは、下の2つの基準のどちらかに当てはまる国々です（日本貿易振興機構アジア経済研究所ウェブサイト、2018年9月による）。
　　1．世界銀行によって「高所得国」以外に分類される国々（2016年時点の1人当たり国民所得（GNI）が1万2235米ドル以下の国々）。
　　2．国連によって後発開発途上国（Least Developed Countries）に分類される国々（1人当たり国民所得（GNI）、人的資源指標（HAI）、経済脆弱性指数（EVI）によって判断される）。
8）数字は、「2018年開発協力白書」の図表（数字は2017年）による。

どに取り組んでいます。対策としては、物資の供給により途上国を支援したり、技術支援により途上国の人材育成を行ったりしています。このほか、国連と密接な関係を持っているが独立した専門機関には、国際労働機関（ILO）、世界保健機関（WHO）、国連食糧農業機関（FAO）、国連教育科学文化機関（UNESCO）、国際通貨基金（IMF）、世界銀行などがあり、それぞれ世界の労働問題や保健・医療問題、農業・農村開発、文化の発展、通貨の安定、途上国への融資などに取り組んでいます。

　このうち、途上国への融資（資金の貸付）を行う世界銀行は、世界銀行グループとして、世界中の地域からさまざまな国々が加盟し、開発途上国に対し幅広い援助を行っている、まさに「世界の銀行」です。また、地域に特化した国際金融機関もあり、これらを総じて、国際開発金融機関（MDBs：Multilateral Development Banks）と呼びます。すなわち、MDBs は、全世界を支援対象とする世界銀行と各所轄地域を支援する4つの地域開発金融機関（欧州復興開発銀行、アフリカ開発銀行、アジア開発銀行、米州開発銀行）から構成されます。MDBs は、途上国の貧困削減や持続的な経済・社会的発展を金融支援や技術支援、知的貢献を通じて総合的に支援しています。

■二国間援助

　このほか、世界には、途上国を支援する各国政府の省や専門の機関があります。これらは、二国間援助機関と呼ばれており、例えば、日本の（独立行政法人）国際協力機構（Japan International Cooperation Agency、略称 JICA）、アメリカ合衆国の USAID、イギリスの DFID、ドイツの GIZ・KfW、フランスの AFD などがあります。これらの機関は、（お金を借りて返す必要がある）有償もしくは（お金を返さなくてよい）無償の資金協力（単にお金を提供するだけでなく、施設の建設なども含みます）、あるいは技術協力（専門家の派遣による技術指導が典型的です）を行っています。近年、中国も対外援助額を伸ばしています[9]。ちなみに、かつて中国は諸外国から援助を受ける立場にあり、日本も1979年以降、ODA を約40年間（2016年度まで）で計3兆6500億円余り拠出しました[10]。ただし、経済成長により、援助を受ける立場を卒業して援助する側に立場が変わったという単純な話ではありません。実は中国の対

図1-1　主要 DAC 加盟国の政府開発援助実績の推移（支出純額ベース）

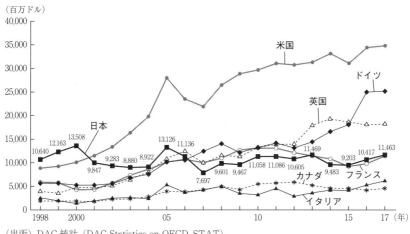

（出所）DAC 統計（DAC Statistics on OECD. STAT）。

外援助は、建国の翌年の1950年に開始され長い歴史があります。中国からの援助を受けていたアフリカの国家は、1963年末時点では 6 カ国にすぎなかったのが、1977年にはすでに36カ国までに増加していました[11]。

　日本は二国間援助において世界に貢献しており、1991年から2000年までの10年間には、連続してトップドナーの地位を占めていました。しかし、バブル崩壊[12]後の厳しい財政状況から、ODA 予算はピーク時から漸減し、2019年現在、日本の ODA は世界第 4 位となっています。主要援助国の援助額の推移

9 ）中国の対外援助統計は、2014年に 2 回目の対外援助白書が刊行されて以降、公表されていませんが、借款の返済額を差し引かない総額（グロス）ベースで、対外援助額は03年の約 8 億ドルから16年は約66億ドルに急増しており、国際比較すると米国、ドイツ、英国、日本、フランス、トルコに次いで第 7 位に相当するとの見方もあります（出所：「週刊 経団連タイムス」2019年 1 月31日）。
10）出所：外務省ウェブサイト（https://www.mofa.go.jp/mofaj/gaiko/oda/data/chiiki/china.html）。アクセス日：2020年 6 月30日。
11）出所：日本国際問題研究所「中国の対外援助外交」（https://www2.jiia.or.jp/RESR/column_page.php?id=201）。アクセス日：2020年 6 月30日。
12）資産価格が、投機によって実体経済から大幅にかけ離れて上昇する経済状況を「バブル経済」と呼び、特に、1980年代後半から1990年代初頭までの資産価格の高騰による好況期を意味しました。金融引き締めなどをきっかけに市場価格が下落しはじめると、投機熱は急速に冷め、需給のバランスが崩れ、資産価格は急落します。それを「バブルの崩壊」と表現します。

は、図1-1の通りです。ピーク時（1995年）の日本の援助額は約145億ドル[13)]
で、2017年の数字は約115億ドルです。目立った落ち込みではないですが、こ
の間、他の国が支出額を漸増させているために、相対的な地位は明らかに低下
しています。

(2) 民間セクターによる国際協力

　次に、民間セクターを見ましょう。国際協力の世界で大きな役割を担ってい
る組織にNGOがあります。特に、地球的規模の課題（開発・環境・人権・平
和など）を解決するために非政府かつ非営利の立場で活動している団体を「国
際協力NGO」と呼んでいます。彼らは、自己財源・受託事業収入・助成金収
入を主な資金源とし、団体によって異なる理念を持って、さまざまな活動を行
っています。具体的な活動内容としては、医療・人道支援、安全な水の確保、
難民支援、貧困対策、学校建設、農業指導など、多岐にわたっています。国際
協力NGOの中では、「国境なき医師団」[14)]、「セーブ・ザ・チルドレン」[15)]など
が有名です。
　さらに、近年、民間セクターにおいて、一般企業が、従来のCSR（Corpo-
rate Social Responsibility：企業の社会的責任)[16)]活動のみならず、SDGs[17)]に
関連した企業活動やBOPビジネスなどの活動を展開しはじめました。年間所
得が購買力平価（PPP）ベースで3000ドル以下の低所得層は、BOP（Base of

---

13) 出所：外務省「我が国の政府開発援助の実施状況（1998年度）に関する年次報告」
　　（https://www.mofa.go.jp/mofaj/gaiko/oda/shiryo/hakusyo/nenji98/index.html）。アク
　　セス日：2020年6月30日。
14) 国境なき医師団（Médecins Sans Frontières ＝ MSF）は、1971年にフランスの医師らが
　　創設し、日本を含む世界38カ所に拠点を持つ国際医療NGO。戦争や天災など医療が必
　　要な地域にボランティアの医師や看護師たちを派遣し、99年、ノーベル平和賞を受賞し
　　ました。
15) 1919年にロンドンで設立された児童救援団体。子どもの人権の充足を目的に、途上国を
　　中心に世界各地で健康や衛生、栄養、教育などを促進する活動を行っています。
16) CSR（企業の社会的責任）の概念自体は古くからあるものですが、2000年以降に頻発し
　　た企業不祥事を契機にCSRへの関心が高まりました。
17) Sustainable Development Goalsの略。2015年9月の国連サミットで全会一致で採択され
　　た「誰一人取り残さない」持続可能で多様性と包摂性のある社会を実現するための、
　　2030年を年限とする17の国際目標。

図1-2　低所得国への民間資本と ODA の流入

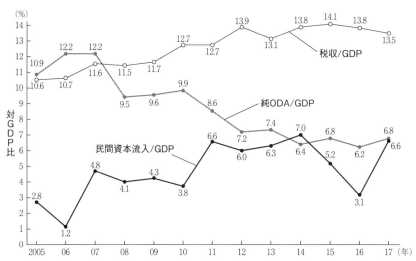

（出所）Lee and Sami（2019）"Trends in Private Capital Flows to Low Income Countries," *Center for Global Development.*

the Economic Pyramid) 層と呼ばれ、開発途上国を中心に、世界人口の約 7 割を占めるとも言われています。BOP ビジネスとは、途上国の BOP 層にとって有益な製品・サービスを提供することで、当該国の生活水準の向上に貢献しつつ、企業の発展にも資する持続的なビジネスです[18]。これらは、民間セクターにおける新たな国際協力の形態といえましょう。

(3) 国際協力における資金の動き

　最後に、国際協力におけるお金の面で近年、重要な動きがあることをお伝えします。上で見たように、ODA は、途上国の経済や社会の発展に対し一定の役割を果たしてきました。しかしながら、途上国への資金流入において、民間資本に対する ODA の割合が、経年的に低下しています。**図1-2**に見られるように、低所得国への資金流入では、2005年には、ODA の比重が圧倒的に大き

18）出所：JETRO「BOP ビジネス」(https://www.jetro.go.jp/theme/bop/basic.html)。アクセス日：2020年 6 月30日。

かったのが、ODA の比重が漸減し、2017年の数字では、ODA と民間資本の比重が同じ程度になりました。

　この間、ODA の拠出額は漸増していますから（主要援助国7カ国の合計額で、2005年から2017年にかけ、1.37倍になっています）、いかに民間からの資金の流入規模が増えたかがよくわかると思います。まさしく世界は、ボーダーレスになってきています。すなわち、途上国発展のための資金としては、民間投資[19)]が ODA 並みに重要となってきているということです。ただし、ODA は、人づくり・技術移転も行いますから、お金の面だけを見て、国際協力はもう民間に任せればよいというわけにはいきません。

---

19) 特に港湾や空港、水道、発電所、鉄道、高速道路などの経済インフラと呼ばれる分野での投資です。

第2章

持続可能な開発目標（SDGs）

　この章では、国際協力を語る上で欠かせない、最近のキーワードである、MDGs と SDGs について説明しておきます。

　2000年9月の国連総会の期間にミレニアム・サミットが開催され、世界189カ国の首脳が一堂に会して、国連ミレニアム[1]宣言を採択しました。この宣言の中核に貧困削減が目標として明記されており、それを達成するためのいくつかの数値指標も掲げられていました。それを具体化したものとしてミレニアム開発目標（Millennium Development Goals：MDGs）が策定されました。

　MDGs は、2015年までの目標で、極度の貧困と飢餓の撲滅や、環境の持続可能性の確保等、8つの大きな目標から構成されています。8つの目標は、以下の通りです[2]。

1．極度の貧困と飢餓の撲滅
2．普遍的な初等教育の達成
3．ジェンダーの平等の推進と女性の地位向上
4．幼児死亡率の引き下げ
5．妊産婦の健康状態の改善
6．HIV/エイズ、マラリア、その他の疫病の蔓延防止

1）1000年間のことを意味します。日本語では、千年紀とも言います。
2）出所：国連広報センター。

7．環境の持続可能性の確保

8．開発のためのグローバル・パートナーシップの構築

　国連の作成したMDGsの達成状況の評価報告書[3]は、目標達成について一定の成果が上げられたとする一方で、多くの分野で目標の不均等な達成や達成の不足が見られ、「我々は、引き続き努力を続けねばならない」と総括しています。国連の報告書の中で目標の達成度を具体的にいくつかの事例で見てみると、表2-1のようになります。

　SDGsは、ミレニアム開発目標（MDGs）の後継となる目標です。SDGsは2012年、リオデジャネイロで開催された国連持続可能な開発会議（リオ＋20）で議論が始まりました。その目的は、私たちの世界が直面する喫緊の環境、政

表2-1 MDGs の達成状況 （抜粋）

目　標	指　標[*1]	実　績[*2]	評　価[*3]
目標1： 極度の貧困と 飢餓の撲滅	ターゲット1.A： 1990年から2015年までに、1日1ドル未満で生活する人々の割合を半減させる。	1990年には開発途上国で1日1.25ドル以下で暮らす人が約半数いたのが、2015年に14％に減少した。	○： 達成できた
目標2： 普遍的な 初等教育の達成	ターゲット2.A： 2015年までに、すべての子どもたちが、男女の区別なく、初等教育の全課程を修了できるようにする。	初等教育への就学率が、2000年の83％から2015年の91％に増加した。	○： かなり 達成できた
目標4： 幼児死亡率の 引き下げ	ターゲット4.A： 1990年から2015年までに、5歳未満の幼児の死亡率を3分の2引き下げる。	1000人当たりの幼児死亡者数が、1990年の90人から2015年の43人にまで減少した。	△： ある程度 実現した
目標5： 妊産婦の 健康状態の改善	ターゲット5.A： 1990年から2015年までに、妊産婦の死亡率を4分の3（＝75％）引き下げる。	1990年から死亡率が45％減少した。	△： ある程度 実現した

＊1．（出所）国連広報センター。
＊2．（出所）「The Millennium Development Goals Report 2015」から筆者が作成。
＊3．筆者が作成。

3）「The Millennium Development Goals Report 2015」。

治、経済の課題に取り組む一連の普遍的目標を策定することにありました。2015年9月の国連サミットで、「誰一人取り残さない」持続可能で多様性と包摂性のある社会の実現のため、2030年を年限とする17の国際目標が全会一致で採択されました。

　17の目標（ゴール）は、以下の通りです[4]。目標の下にはさらに、計169項目のターゲットおよび指標があります。

---

1. あらゆる場所で、あらゆる形態の貧困に終止符を打つ
2. 飢餓をゼロに
3. あらゆる年齢のすべての人々の健康的な生活を確保し、福祉を推進する
4. すべての人々に包摂的かつ公平で質の高い教育を提供し、生涯学習の機会を促進する
5. ジェンダーの平等を達成し、すべての女性と女児のエンパワーメントを図る
6. すべての人々に水と衛生へのアクセスを確保する
7. 手ごろで信頼でき、持続可能かつ近代的なエネルギーへのアクセスを確保する
8. すべての人々のための包摂的かつ持続可能な経済成長、雇用およびディーセント・ワークを推進する
9. レジリエントなインフラを整備し、持続可能な産業化を推進するとともに、イノベーションの拡大を図る
10. 国内および国家間の不平等を是正する
11. 都市を包摂的、安全、レジリエントかつ持続可能にする
12. 持続可能な消費と生産のパターンを確保する
13. 気候変動とその影響に立ち向かうため、緊急対策を取る
14. 海洋と海洋資源を保全し、持続可能な形で利用する

4）出所：国連広報センター。

15. 森林の持続可能な管理、砂漠化への対処、土地劣化の阻止および逆転、ならびに生物多様性損失の阻止を図る
16. 公正、平和かつ包摂的な社会を推進する
17. 持続可能な開発に向けてグローバル・パートナーシップを活性化する

　ここで、MDGs と比較した、SDGs の特徴を見てみましょう。ひとつ目の特徴として、SDGs は MDGs よりも広範な問題領域をカバーしています。MDGs は、パートナーシップに関するゴール 8 を除いて、途上国の貧困削減や教育・保健などの社会開発とジェンダー平等に目標を絞ったのに対し、SDGs は、持続可能な開発の経済・社会・環境の 3 つの次元の広範な問題領域を包括的にカバーした目標を設定しています。次に、SDGs では、普遍性を重んじ、途上国のみならず、すべての国に適用されるため、日本も含めて先進諸国も達成に向けて取り組むことが求められています。さらに、SDGs では、民間セクターの役割が重視されています。例えば、ゴール 8 の実践手段として、「民間企業の活動・投資・イノベーションは、生産性でインクルーシブな経済成長と雇用創出を生み出していく上での重要なカギである」とされ、成長や雇用という MDGs にはなかった課題における民間企業の役割の重要性を唱えています。最後に、SDGs には、「誰一人取り残さない」という人権尊重の理念があります[5]。

　一方、MDGs と比較すると、SDGs は、目標・ターゲットが多いために資源・努力の投入が散漫になりがちで、数値指標と結び付けられていない観念的なターゲットが多い、という指摘もあります[6]。

　日本は、官民を挙げて SDGs に取り組んでおり、その対象地域は、国内外両方です。2016 年 5 月に「持続可能な開発目標（SDGs）推進本部」が政府内に設置されました。2017 年 12 月には、同推進本部により、「SDGs アクションプラン 2018」が策定されました。また、2017 年 6 月には、SDGs 推進本部におい

5）以上は主に、『SDGs を学ぶ』（高柳彰夫・大橋正明編、法律文化社、2018 年、pp.12-14）を参考にしました。
6）出所：『私たちが国際協力する理由』（紀谷昌彦・山形辰史著、日本評論社、2019 年、p.134）。

て、企業や団体の先駆的な取り組みを表彰する「ジャパン SDGs アワード」が
創設され、毎年、複数の企業・団体が表彰されています。SDGs に掲げられて
いる課題は、対応が遅れれば大きなコストになるものの、先んじて取り組めば
大きなビジネスチャンスとなることから、日本の企業も世界的な大企業も取り
組みを進めています。

第3章

日本の国際協力事業

　日本(人)が行っている国際協力には、公的セクターである政府が行う政府開発援助（ODA）[1]があり、それ以外にも、民間セクターである国際協力NGO（国際NGOの日本支部や日本独自のNGO）や企業、さらには大学、地方自治体などが、それぞれの専門分野で力を発揮しています。

1 民間セクターや地方自治体による国際協力

　はじめに、民間セクターや地方自治体が行っている国際協力の事例を見てみましょう。個々の機関や組織の特徴を生かした多種多様な活動が展開されています。国際NGOの場合は、それぞれが明確なミッションを持って、テーマや地域を選び、どちらかと言えば、草の根レベルでの国際協力を行っています。民間企業では、昨今のSDGsの流れに沿って、自らの企業活動のベクトルを可能な範囲で国際協力にも合わせようという試みが見られます。大学の場合は、学問的な関心と途上国の問題解決を結び付けるような取り組みがあり、地方自治体は、人と人が触れ合う国際交流に重きを置いた活動をしています。以下に、国際NGO・日本の民間企業・日本の大学・地方自治体の事例をひとつずつ紹介します。

1）開発コンサルタントは、ODA事業の中で活動を行います。

国際 NGO の活動例[2]：「ケア・インターナショナル ジャパン」は、世界90カ国以上で人道支援活動を行う国際協力 NGO ケア・インターナショナルのメンバーとして、1987年に発足しました。ケア・インターナショナルのミッションである貧困の根源の解決に向け、途上国において災害時の人道支援を行うとともに、「女性と女子」に焦点を当てた以下のような活動を通して、最も困難な状況にある人々の自立を支援しています。

1）海外における緊急・復興・開発支援事業の計画・実施・モニタリング・評価
2）国内におけるファンドレージングと広報
3）アドボカシー（政策提言）およびキャンペーン（啓発活動）

民間企業の活動例[3]：大阪に本社を置く衛生用品メーカーのサラヤ株式会社は、2017年に政府の SDGs 推進本部が公募している、第1回ジャパン SDGs アワードの外務大臣賞を受賞しました。ウガンダとカンボジアにて、市民と医療施設の二方向から、手洗いを基本とする衛生の向上のための取り組みを推進しています。具体的には、「100万人の手洗いプロジェクト」として、商品の出荷額1％をウガンダにおけるユニセフの手洗い普及活動の支援に当てています。また、ウガンダに現地法人「サラヤ・イーストアフリカ」を設立し、現地生産の消毒剤やその使用方法を含めた衛生マニュアルを提供しています。

なお、最近は、JICA と民間企業の連携の動きも盛んです。従来の ODA だけでは途上国の経済・社会課題の解決への貢献に限界があるとの認識から、JICA は民間企業等のビジネスを通じた現地の課題解決を推し進めてきました。現在、JICA は、「中小企業・SDGs ビジネス支援事業」という事業を進めており、途上国の開発ニーズと民間企業の製品・技術のマッチングを支援しています。具体的には、基礎調査[4]、案件化調査[5]、普及・実証・ビジネス化事

2）出所：ケア・インターナショナル・ジャパンのウェブサイト（http://www.careintjp.org/whoiscare/04.html）。アクセス日：2020年6月13日。
3）出所：https://www.kantei.go.jp/jp/singi/sdgs/japan_sdgs_award_dai1/siryou2.pdf（アクセス日：2020年6月13日）、『SDGs の基礎』（事業構想大学院大学出版部、宣伝会議、2018年、p.83）。

業[6]を実施しています[7]。

大学の活動例[8]　：研究の成果をアフリカに還元することを大きな目標として、「京都大学アフリカ地域研究資料センター」では、2010年度より国際協力活動を視野に入れた、より実践的な研究活動を企画しています。カメルーンの熱帯雨林では、森林の保全と地域住民の生活改善を両立するプロジェクト＊を、ニジェールでは都市の生ゴミを利用した砂漠化防止対策を進めてきました。ニジェールでは、同国中南部に居住する農耕民が持っている、砂漠化に対する環境認識と荒廃地の緑化に関する生態的知識を明らかにすることによって、砂漠化問題の原因に関する試論を提示し、砂漠化問題の解決と「人間の安全保障」[9]に貢献することを目指しています。

　＊この用語（プロジェクト）は、以降、本書でたびたび出てきますが、「ある特定の目標の実現のためにひとつの組織の中で（あるいは外部の組織と連携して）、恒常的な活動とは別に一定期間行われる活動で、一定の資源や予算を使う必要のあるもの」を意味します。

地方自治体の活動例[10]　：静岡市の観光交流文化局には国際交流課があり、その中の国際化推進係は、国際交流および国際協力、姉妹都市に関する取り組みを行っています。静岡市は、わが国のODA事業と連

4）基礎情報の収集・分析を行う（数カ月～1年程度）。
5）技術・製品・ノウハウ等の活用可能性を検討し、ビジネスモデルの素案を策定する（数カ月～1年程度）。
6）技術・製品やビジネスモデルの検証。普及活動を通じ、事業計画案を策定（1～3年程度）。
7）以上は、JICA資料「ind_summary_ja_202004.pdf」による。
8）出所：京都大学のウェブサイト（https://www.africa.kyoto-u.ac.jp/projects/cooperation/niger_oyama/）。アクセス日：2020年6月13日。
9）人間の安全保障とは、人間一人ひとりに着目し、生存・生活・尊厳に対する広範かつ深刻な脅威から人々を守り、それぞれの持つ豊かな可能性を実現するために、保護と能力強化を通じて持続可能な個人の自立と社会づくりを促す考え方です（出所：外務省ウェブサイト）。「人間開発報告書1994」（UNDP）で取り上げられ、さらに、2003年に緒方貞子（前JICA理事長）、アマルティア・セン（現ハーバード大学教授）を共同議長とする「人間の安全保障委員会」が作成した最終報告書「安全保障の今日的課題」で取り上げられ注目されるようになった概念です。出所：JICAのウェブサイト（https://www.jica.go.jp/activities/issues/special_edition/security/summary.html）。アクセス日：2020年6月13日。

携した活動も実施しました。2016年5月、2017年7月に、JICAの「バングラデシュ国　地方都市行政能力強化プロジェクト」の活動の一環として、日本における研修の実施（2回）に協力しました。同研修には、バングラデシュから約30名の市長が来日し、市政の実務に関する講義（市の総合計画、予算計画・執行、ごみ問題への取り組み、防災体制）を受けたり、施設見学（市役所・防災施設・ごみ処理施設）に参加したりすることによって直接、静岡市職員の方々から日本の行政について学びました。

2　日本政府のODA事業

　次に、開発コンサルタントと関係の深い日本政府のODAについて詳しく見ていきます（開発コンサルタントのODAへの具体的な関わりについては、「第4章　開発コンサルタントの仕事・位置づけ」で説明します）。

　日本政府の行うODAには、開発途上国・地域を直接支援する二国間援助と、国際機関に対する拠出である多国間援助があります[11]。

　二国間援助は、政府貸付等と贈与に分けることができます。

　うち政府貸付等には、低金利かつ返済期間の長い緩やかな貸付条件で開発途上国・地域に必要な資金を貸し付ける円借款と、開発途上国・地域での事業実施を担う民間セクターの法人等に対して融資・出資[12]を行う海外投融資があります。

　贈与は開発途上国・地域に対して無償で提供される協力のことで、返済義務を課さないで、開発途上国・地域に社会・経済の開発のために必要な資金を贈与する無償資金協力と、日本の知識・技術・経験を生かし、開発途上国・地域の社会・経済の開発の担い手となる人材の育成を行う技術協力があります。贈与の中には国際機関の行う具体的な事業に対する拠出も含まれます。

　多国間援助には、国連児童基金（UNICEF）や国連開発計画（UNDP）への

10）出所：「https://www.city.shizuoka.lg.jp/556_000037.html」。アクセス日：2020年8月9日。

11）以下は、「2019年版開発協力白書」による。

12）融資は、お金の貸付であり、出資は、株式の一部を買い取ること。

図3-1 二国間援助を構成する３スキームの関係

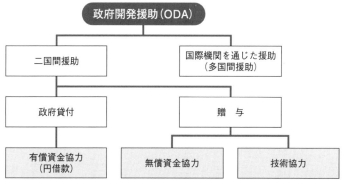

（出所）JICA ウェブサイト（https://www.jica.go.jp/aboutoda/basic/03.html#a01）。
アクセス日：2020年３月14日。

拠出や世界銀行などへの拠出・出資などがあります。

　上記のとおり、二国間援助は、貸付である「有償資金協力（円借款）」、贈与である「無償資金協力」と「技術協力」の３スキーム[13]から構成され、開発コンサルタントも主にこれら３スキームにかかわる業務を行います。３スキームの関係を表したものが、図3-1です。

　３つのスキームの概要は、以下のようにまとめられます[14]。

■有償資金協力（円借款）

　多くの開発途上国では、電力・ガス、運輸、通信などの経済社会基盤の整備が不十分です。また近年、貧困層の拡大に加え、HIV/エイズなどの感染症、大気や水の汚染、紛争・テロなどの地球的規模の問題が顕在化しています。

　有償資金協力（円借款）は、開発途上国に対して低利で長期の緩やかな条件

13）一般には、「計画・企画・体系」といった意味の言葉ですが、ODA では「援助の形態」を意味します。

14）出所：JICA ウェブサイト、「無償資金協力」（https://www.jica.go.jp/activities/schemes/grant_aid/index.html）、「円借款」（https://www.jica.go.jp/activities/schemes/finance_co/about/overview/index.html）、「技術協力」（https://www.jica.go.jp/activities/schemes/tech_pro/summary.html）における記述を筆者が一部加工したもの。アクセス日：2020年３月14日。

で開発資金を貸し付けることにより、上記のような開発途上国の問題への取り組みを支援します。

　開発途上国の経済成長や貧困削減のためには、その国自らのオーナーシップ（主体性）が必要不可欠です。資金の返済を求める円借款は、開発途上国に借入資金の効率的な利用と適切な事業監理を促し、開発途上国のオーナーシップを後押しします。また、円借款は返済を前提とした資金援助であるため、日本にとっても財政負担が小さく、持続性のある支援手段です。

　それでは、円借款事業の事例として、南アジアのバングラデシュで行われた「東部バングラデシュ農村インフラ整備事業」という名称のプロジェクトを紹介します。

　バングラデシュという国は、正式名称は、「バングラデシュ人民共和国」といい、インドの東側にある、イスラム教を主な宗教とする国で、民族的にはベンガル人が大部分を占め、人口は約１億6300万人（2018年）です。政治体制は共和制、首都はダッカで、主な産業は衣料品・縫製品産業や農業です。１人当たりの名目 GDP は、1749ドル（2018年、IMF 統計）です（日本は、約３万9000ドル）[15]。

　バングラデシュの全人口の約半数が貧困層で、全人口の８割弱が農村部に居住しています。農村での貧困緩和には農業を振興し、農村と都市の市場を結び付けることにより経済活動を活性化させることが有用ですが、道路・給水・電気等の基礎的インフラが十分に整備されていないことが大きな障害となっています。また、バングラデシュの道路網は、中央政府が所掌する幹線道路は舗装が進んでいるものの、地方道路は整備が遅れており、例えば村の道路の舗装率は全国平均で26％にとどまっていました。

　本事業を行うことが適切かどうかを事前に調べた際、バングラデシュ東部は、貧困層が集中している上に、サイクロンと洪水の頻発地域であることから、道路舗装の状況が経済・社会活動に与える影響が著しいことが確認されました。同地域における多くの農村道路や農村市場の劣悪な状況は、運輸や商取引のネットワークが機能することの妨げとなっていたのです。

15）バングラデシュに関する情報は、主に外務省ウェブサイトの「バングラデシュ人民共和国　基礎データ」より。

　そこで、このプロジェクトでは、バングラデシュ東部の貧困農村部において農村インフラ整備を行うことにより、この地域に居住する貧困層の経済機会および社会サービスへのアクセスの改善を目指しました。より長期的には、バングラデシュの都市・農村間経済格差および社会格差の是正に役立つことが期待されています。

　このプロジェクトは円借款事業であり、資金を借り入れたのは、バングラデシュ人民共和国政府、借り入れた資金を実際に活用してプロジェクトを実施したのは、地方自治・農村開発・協同組合省地方行政技術局という組織です。円借款の条件は、貸付実行額111億9300万円、金利は年利0.9％というものでした。初めに国と国との間で交わされる借款契約の調印日は、2005年3月であり、プロジェクトが目指した施設が完成しプロジェクトが完了したのは、2011年6月で、契約を結んでから数年かかって完成しました。

　事後の評価[16]によると、事業で舗装された農村道路の交通量は大幅に増加し、交通時間の短縮や各種施設へのアクセスの向上が実現され、農産物の出荷量も増えているとされ、有効性・インパクトは高いと評価されています。

■無償資金協力

　無償資金協力は、開発途上国に資金を贈与し、開発途上国が経済社会開発のために必要な施設を整備したり、資機材を調達したりすることを支援する形態の資金協力です。返済義務を課さない資金協力であるため、開発途上国の中でも、所得水準の低い国を中心に実施されます。

　支援内容としては、病院の建設、安全な水を供給するための給水施設の整備、学校の建設、農村・農業開発を促進するための灌漑施設の整備などの基礎生活分野や、道路や橋などの社会基盤の整備、環境保全を推進するための設備や人材育成など、開発途上国の国づくりの基礎となる活動を支援しています。

　また、以下にひとつの事例を紹介します。インドにおいて病院施設を整備したプロジェクト「オリッサ州サダール・バルバイ・パテル小児医療大学院病院整備計画」です。

16）JICA 事後評価結果に基づく。出所：https://www2.jica.go.jp/ja/evaluation/pdf/2013_
　　BD-P51_4_f.pdf

　インドという国に関してはみなさん、ご存知だと思います。今や人口が12億人を超える、西アジアの大国ですね。ヒンドゥー教徒が多数派であり、政治体制は共和制、首都はニューデリーであり、主な産業は農業・工業・鉱業・IT産業などです。2014年度に経済重視の姿勢を掲げるモディ新政権が成立し、新政権成立後のGDP成長率は、2014年度に7.2%、2015年度は7.9%、その後も毎年7％程度の高い成長率を維持しています。2018年の1人当たりの名目GDPは、2038ドルです（IMF統計による）[17]。

　インド政府の統計によると、オリッサ州の保健指標は全国平均を下回る水準にあり、特に同州の小児医療は、インド政府にとって重要課題のひとつでした。サダール・バルバイ・パテル小児医療大学院病院（以下「SVP小児病院」）は、オリッサ州の小児医療トップレファラル病院（地域の拠点となる高次医療機関）であると同時に、州の医科大学院生に対する小児医療教育機関でしたが、2002年の時点で、病院施設・機材は非効率的な配置、数量の不足、老朽化等によって、その機能を果たすのが困難な状態でした。そのため、無償資金協力が日本政府に対し要請されたのです。

　そこで、このプロジェクトでは、SVP小児病院において病棟建設および医療機材の更新・整備を行うことにより、病院の医療サービス改善および大学院教育の充実を目指しました。

　このプロジェクトは無償資金協力であり、SVP小児病院に対し、病院施設（外来・検査棟、手術・病棟、小児集中治療室など）を建設したり、機材（X線装置、手術台、人工呼吸器など）を提供したりしました。これらの総額は、8億3000万円になります。

　このプロジェクトは、2005年8月に国と国との間の契約が締結され、プロジェクトが完了したのは、2007年3月です。事後の評価[18]によると、オリッサ州の統計は子どもの健康状態の改善を示しており（乳幼児死亡率は2003年に出生1000人当たり90だったのが、2009年には65に低下）、「本事業はこれに貢献していると考えられる」と評価されています。

17）以上は、主に外務省ウェブサイトの「インド　基礎データ」より。
18）JICAインド事務所による事後評価結果による。出所：https://www2.jica.go.jp/ja/evaluation/pdf/2010_0509400_4_f.pdf

■技術協力

　開発途上国のニーズは、これまでの農業開発や保健医療の改善、給水などの社会基盤の整備に加え、最近は気候変動への対応、市場経済化や法整備に対する支援、アフガニスタンやスーダンなどに見られる平和構築・復興支援など、従来にも増して多様化・多面化しています。これらの中には、資金協力によって施設や設備を整備して状況を改善できるものもあれば、開発途上国の自立発展や開発効果の持続性を確保するため、開発途上国自らの課題解決能力を向上させることに主眼を置いた協力が必要なものもあります。

　技術協力は、こうした開発途上国の課題解決能力と主体性の向上を促進するため、専門家の派遣、必要な機材の供与、人材の日本での研修などを通じて、開発途上国の経済・社会の発展に必要な人材育成、研究開発、技術普及、制度構築を支援する取り組みです。

　以下にひとつの事例を紹介します。パプアニューギニアにおいて学校の教科書作成を支援したプロジェクト「理数科教育の質の改善プロジェクト」です。

　パプアニューギニアは、オーストラリアの北部に位置する大洋州の国で、正式には、「パプアニューギニア独立国」といいます。人口は、約861万人（2018年、世界銀行）で、民族はメラネシア系、キリスト教徒が多い国です。政治体制は立憲君主制、首都はポートモレスビーであり、主要な産業は、鉱業（液化天然ガス、金、原油、銅）、農業（パーム油、コーヒー）、林業（木材）です。2018年の１人当たりの名目 GDP は、2752ドルです（IMF 統計による）[19]。

　パプアニューギニアの国土面積は日本の1.2倍に相当する上に、その国土は急峻な山岳地域と離島が大部分を占めています。このため、都市から隔絶された小規模な小中学校が多数点在しており、教科知識を十分に持たずに授業を行う教員の質にも大きな課題を抱えています。1993年からは、カリキュラム改革の一環として、就学前教育および初等・中等教育において成果主義教育が導入されていましたが、2014年に「国家教育計画 2015-2019」にて、パプアニューギニア政府および教育省は、成果主義教育の廃止およびパプアニューギニアの実情に合った新たなカリキュラムの導入を決め、新カリキュラムに基づいた教

19）以上は、主に外務省ウェブサイトの「パプアニューギニア独立国　基礎データ」より。

科書の開発を計画していました。しかし、1993年以降、教育省は独自での教科書作成・配布を行っていないことから、教育省内の担当部署であるカリキュラム開発評価局には、カリキュラム開発・改訂に関して十分な知識、経験を持った職員が不足しているのが現状であり、その能力向上が不可欠となっていました。

　そこで、このプロジェクトでは、初等第3学年〜第6学年の算数および理科の教科書・指導書の開発支援を行うことにより、教育省が教科書・指導書を全国に導入するための準備が整うことを目的として実施され、最終的に同国における教育の質の向上を目指しました。

　このプロジェクトは技術協力プロジェクトであり、パプアニューギニア政府の教育省カリキュラム開発局が実施機関となり、プロジェクト期間（PDM[20]上の事業実施期間）は、2016年3月〜2019年11月でした。日本側の総事業費は約5億円で、政府は教育の専門家を複数名派遣し、車両やコンピュータなどの機材も提供しました。

20)　プロジェクトの重要な計画文書。5章で詳述。

第4章

開発コンサルタントの仕事・位置づけ

　前章までで述べた通り、日本が行う国際協力事業には、その主体別に、政府が行うもの（ODA：政府開発援助）、国際協力NGO（国際NGOの日本支部、日本のNGO）や企業など民間セクターが行うもの、大学や地方自治体が行うものなどがありますが、本章ではいよいよ、開発コンサルタントの仕事とその位置づけについて説明しましょう。

1　開発コンサルタントの仕事

　まず、「開発」とは、一般的には、「①森林や荒れ地などを切り開いて人間の生活に役立つようにすること、②天然資源を活用して産業を興すこと、③潜在している才能などを引き出し伸ばすこと、④新しいものを考え出し、実用化すること」のような意味合いで使われている言葉です（三省堂『大辞林』より）。今、私が説明している文脈に即して言いますと、「開発途上国の『開発』」ということになります。次に「コンサルタント」とは、「ある分野についての経験や知識を持ち、顧客の相談にのって、指導や助言を行う専門家」（同じく三省堂『大辞林』より）です。

　したがって、「開発」＋「コンサルタント」が、「開発コンサルタント」ということになりますが、少し格好つけて紹介しますと、「高度な専門技術と経験を持ち、政府の委託を受け、調査や具体的な作業の実施により、主に開発途上国で、彼らが抱えるさまざまな問題を解決することに貢献するプロフェッショ

ナル」ということになりましょうか。

　一言でいえば、開発コンサルタントは、開発途上国の現場で汗をかく仕事です。より具体的には、開発コンサルタントは、1）開発途上国政府の政策アドバイザー、2）日本政府やJICAが行うさまざまな分野での技術協力を実際に現場で担う人、あるいは、3）日本政府やJICAが支援するさまざまな分野での施設建設に携わり、そうした施設を企画・設計したり、あるいは、建設過程の進捗管理を担当したりする人です。通常は、独立した（フリーランス）コンサルタントであったり、特定のコンサルティング企業に所属していたりします。ちなみに、2019年時点で、開発コンサルティング企業の業界団体であるECFA（Engineering and Consulting Firms Association, Japan：一般社団法人海外コンサルタンツ協会）の会員企業は76社（法人正会員）あり、また開発コンサルティング企業関連の社員は約3000人いるそうです。

　私が大学生時代（1980年ころ）に国際協力の世界を志したときに最初に頭に浮かんだのは、国際協力事業団（現「国際協力機構（JICA）」）や海外経済協力基金（同じく現「JICA」）の職員という仕事で、当時は、「開発コンサルタント」という職業があることを知りませんでした。「開発コンサルタント」の主だった仕事の現場は海外であるので、一般の人にはなじみがないと思います。後年、私が結婚することになり、所属する会社の上司と結婚式でしてもらうスピーチの打ち合わせをした際、「我々の仕事は、招待客のみなさんに一体どう説明したらいいんだろうね」と言われたことを覚えています。

　では、開発コンサルタントの仕事を上記の3つのタイプごとにもう少し詳しく説明しましょう。

(1) 開発途上国政府の政策アドバイザー

　基本的には、日本政府が募集する職種に応募し、選定された人が、アドバイザーとして派遣されます。例えば、運輸の分野の専門家（運輸省出身の研究者や運輸の実務に長年携わった人）が、ある開発途上国の運輸に関係する政府機関の特定の部署に派遣される、というケースです。通常、日本国内の政策に通じた専門家が選ばれるので、そうした実務経験に加え、各国の制度を研究して

いれば、そのような知見も活用して、開発途上国の政府職員に対し、さまざまな政策面（立案や実施）での助言を行ったり、日本政府が当該分野で行う援助の全体のコーディネーターを務めたりします。場合によっては、「ドナー協調・援助協調」といって、国際機関や諸外国の援助機関が集う会合の場で、日本側を代表して意見を述べたりもします。

(2) 技術協力・調査コンサルタント

　上で見たように、日本政府の国際協力には、大きく、技術協力・資金協力（さらに有償資金協力と無償資金協力に大別される）の2種類がありました。技術協力とは、特定の分野の専門家が日本の知見や自身の業務経験・開発途上国での経験を生かして、当該分野における何らかの技術を開発途上国の人々に指導することですが、その業務を担うのが技術協力・調査コンサルタントです。こうした技術協力は、個人ベースで行われることもありますが、多いのが、複数の専門家がチームを構成し、それぞれが特定の役割を担当して行う、いわゆるプロジェクト形式の技術協力です。また、そのようなプロジェクトを企画立案するための「準備的な調査」の仕事や、技術協力が適切に行われているかどうかを別の専門家が「評価する」という仕事もあります。また、特定のプロジェクトに直結はしないが、将来のプロジェクトの形成やJICAの業務方針の策定に役立つような、セクター調査のような仕事もあります。私の開発コンサルタントとしての仕事のほとんどは、こうした技術協力プロジェクトの実践者（専門家チームのメンバー）かまたは、技術協力の評価者でした。

(3) 建設コンサルタント

　上述の通り、日本政府の国際協力には、技術協力・資金協力の2種類がありますが、資金協力に携わるコンサルタントがこのタイプに属します。資金協力は、多くの場合、何らかの施設建設を意図して行われることが多いです。その場合、相手国の状況によって、無償資金協力となったり、有償資金協力となったりするのですが、いずれの場合であっても、施設建設には、工事を行う人々

（建設会社）と建設会社が行う施工に必要な事前調査や事業計画の作成、施工管理を行う人が必要になります。このうち、後者が、開発コンサルタントの 3 つ目の仕事であり、「建設コンサルタント」といいます。

　上記のいずれのケースにおいても、開発コンサルタントというのは、直接、開発途上国の現場に立ち、政府の職員の方々や技術者・専門家、あるいは一般市民と向き合う仕事です。

　なお、最近は、開発コンサルタントにおいても、外国の事情に通じている、外国語が堪能であるといった強みを生かし、日本の民間企業の海外進出などを支援する業務（経営コンサルティング）を手掛ける場合もあります。

2　開発コンサルタントの位置づけ

　開発や国際協力に関係のある仕事は、開発コンサルタントだけではなく、外交官・外務省職員、ODA 事業の実施機関である JICA 職員、国際協力 NGO、建設会社、開発途上国のさまざまなテーマの研究者など多岐にわたります。そこで、開発コンサルタントの位置づけをマッピングで明らかにしてみましょう（図4-1）。

　まず、開発コンサルタント以外の開発や国際協力に関係のある仕事を簡単にまとめると以下のようになります。

　外交官・外務省職員：各国に対する日本の ODA 政策の立案・実施を行い、相手国政府の高官と協議を行う。

　JICA 職員：上記の大所高所の政策を受け、より具体的な援助方針をまとめ、相手国政府の高官と協議を行う。そうした援助方針に沿って行われる個々の事業やプロジェクトの進捗管理や業務遂行への助言を行う。

　国際協力 NGO：独自のミッションに沿い、資金調達を行い、開発途上国でプロジェクトを実施する。

　建設会社：入札で ODA 事業のうち建設部分を落札し、現地で施設建設を行う。

図4-1　開発コンサルタントの業務の位置づけ

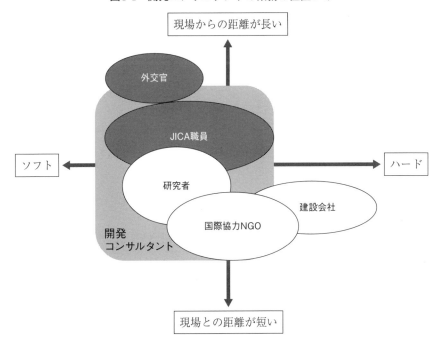

　　研究者：大学・シンクタンクなどに籍を置き、特定の開発途上国やテーマに関する研究を行う。文献調査以外にもフィールド調査を実施する。

　図4-1では、縦軸に仕事上の現場との距離、横軸にハードかソフトかを設定し、これらの仕事をマップにしました。

　「**開発の現場との距離**」とは、仕事の内容が、一国の政府やセクターの政策に関わるようなレベルにある（現場からの距離が長い）か、あるいは、現場で課題を抱えている人々との直接的なコミュニケーションがある（距離が短い）かという視点です。「**ハードかソフトか**」とは、仕事の内容が、何かしら目に見える施設の建設や設備の提供に関わる（ハード）のか、あるいは、ものや施設をあまり伴わない知識・情報の伝授（ソフト）かという視点です。

　開発コンサルタントは、JICA（あるいは、国際機関・他国の援助機関）を顧客として、その指導・監督の下、長靴を履いてヤギ農場を歩き回り農家の方

と話し合ったりするかと思えば、中央省庁のお役人と会議をしたりします。保健や教育の分野で保健師や公務員、学校の教員に研修を行うこともあれば、建設コンサルタントとして、奥地に入って工事の進捗をモニターしたりもします。したがって、現地の人々、援助を必要としている方たちと密なコミュニケーションを持てると同時に、時に相手国側の政策にも貢献できる、極めて守備範囲の広い仕事です。

　スペースの都合で、図4-1には入れていませんが、開発や国際協力に関係のある仕事としては、ほかにも「国連機関・国際機関で働く国際公務員」や「地方自治体の国際協力・国際交流担当職員」、さらに「青年海外協力隊員」「途上国を舞台として活躍する社会起業家[1]」「国際協力に力を入れている財団[2]の職員」「商社社員」「海外に事業展開する一般企業のビジネスパーソン」などたくさんあります。

　以上、第1章では、世界で行われている国際協力事業（多国間援助機関、二国間援助機関など）を、第2章では、SDGsの動向を概観しました。第3章で日本の国際協力事業（NGO、民間や大学、地方自治体による国際協力、日本政府のODA事業）を概観し、第4章では、開発コンサルタントの果たしている役割を確認しました。

　第1部の締めくくりに、JICA専門家として活躍されたひとりの大先輩をみなさんにご紹介したいと思います。その人は、ブータンで活躍された農業指導者の西岡京治さんです（以下は、一般に公開されているJICAの資料、西岡さんの著書や新聞記事などからまとめたものです）。

　西岡さんは、大阪府立大学農学部に学びました。1964年、ブータンに初めて渡航したきっかけは、海外技術協力事業団（現JICA）が農業専門家として2年間の期間限定で西岡さんを派遣したことでした。もともとの任期は2年でしたが、その後も指導を続け、28年もの間、ブータンの農業技術向上に尽くされました。

　ブータン政府の要請を受けてやって来た当初は、現地の人に冷たい態度をと

1）事業を通じて社会問題の改善を図るために起業する人のこと。
2）例えば、笹川平和財団が有名です。

Column: ブータンとはどんな国？

ブータンの位置

人口：約75.4万人（2018年：世銀資料）
面積：約3万8394km²
　　　（九州とほぼ同じ）
首都：ティンプー（Thimphu）
民族：チベット系、東ブータン先住民、
　　　ネパール系等
言語：ゾンカ語（公用語）等
宗教：チベット系仏教、ヒンドゥー教等

（出所）外務省ウェブサイト

られたようで、西岡さんは、著書の中で「最初来た時は、外国人の若僧が何も責任なしに勝手なことを言ってまわるのですから、聞いてもらえないこともたくさんありました」と語っています[3]。しかしながら辛抱強く、畑の耕し方、種のまき方、道具や機械の使い方などを丁寧に教えていくと、やがて農業効率は上がりました。新しい農法に躊躇する村人との話し合いは、5年間に800回にもわたったといいます。

　村人は野菜やお米などで大きな収穫を得るようになり、極貧地域は驚くべき変化を遂げました。西岡さんがブータンに遺したものは、農法だけではありませんでした。村人の力で、水田ができ、橋がかかり、道路ができ、学校や病院もあちこちにできたそうです。

　その熱意と功績から、村人からの信頼や感謝にとどまらず、ブータン国民に繁栄をもたらした日本人として認められ、第4代ブータン国王からダショーの称号を与えられました（「ダショー」とは国に大きな功績を収めた人だけに授けられる称号で、「最高に優れた人」という意味を持ちます。西岡さんは、ブータンで「ダショー・ニシオカ」と呼ばれています）。

3）出所：『ブータン 神秘の王国』西岡京治・里子著、NTT 出版、1998年、p.246。

　数々の功績を残した西岡さんですが、帰国直前の1992年に敗血症にかかり、59歳という若さでブータンで亡くなりました。西岡さんがブータンで亡くなった際、親しかった大臣がずっと泣き続け、葬儀は12時間も続いたそうです。2013年に日本経済新聞の記者が現地を訪れた時も、「ダショー・ニシオカがブータンの農業の全てを変えた。彼がこの地にまいた種への感謝を我々は忘れない」と、労働人的資源省の次官が語ったとのことです[4]。

　いかがでしょうか。ひとりの人間が遠い外国でこれほどまでに社会に貢献できるとは素晴らしいですね。もちろん、協力者もたくさんいらしたとは思いますが、西岡さんのご経験からは学ばせていただきたいところが多く、特に、技術指導における辛抱強い取り組みや現地の人々に対する深い愛情には心底敬服します。

4）出所：『日本経済新聞』2013年4月7日付。

第**2**部

開発コンサルタントの仕事

第2部では、一般的な開発コンサルタントの仕事
を理解していただいた後、開発コンサルタントの
仕事の実像を具体的な事例（調査の業務と技術協
力プロジェクトの業務）で紹介します。

第5章

開発コンサルタントの具体的な仕事

1 コンサルタントの仕事の種類

　本章では、1章で説明したような開発コンサルタントが、実際にどのような仕事をするのかを見ていきましょう。開発コンサルタントの場合、通常、1）開発途上国政府の政策アドバイザー、2）日本政府やJICAが行うさまざまな分野での技術協力に従事したり、そのための調査を現地で行う人（技術協力・調査コンサルタント）、あるいは、3）日本政府やJICAが支援するさまざまな分野での施設建設に携わり、そうした施設を企画・設計したり、あるいは、建設過程の進捗管理を担当したりする人（建設コンサルタント）の3種類があると言いましたね。

　開発コンサルタントは、基本的には政府から委託されて業務を行います。つまり、開発援助の指揮を執るのは外務省やJICAになりますが、実際に現場でプロジェクトを行うのは開発コンサルタントであって、開発コンサルタントというのは案件ごとに政府やJICAから仕事を委託されているのです[1]。

　それで、1章でも説明した3スキーム（技術協力・有償資金協力・無償資金協力）のうち、「技術協力」においては、特にODA事業の実施機関であるJICAから業務委託を受けることが多いです。他の2つのスキーム「有償資金協力」「無償資金協力」においては、施主（＝発注者）は日本政府が援助を行

1）実施状況についても政府・JICAに定期的に報告し、指示や助言を受けています。

図5-1　JICA の事業と調達の関係（イメージ図）

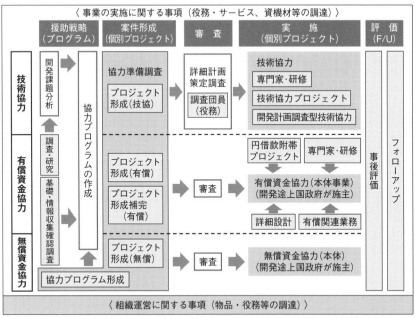

（本図はあくまでイメージであり、全ての業務を網羅しているものではありません。）

（出所）JICA のウェブサイト（https://www.jica.go.jp/announce/beginner/activities/index.html）。
アクセス日：2020年 6 月13日。

う相手国政府になります。そのため、契約の相手方は、日本政府が援助する相
手国政府・事業実施機関になります。

　上記の開発コンサルタントの仕事との関係でいうと、1）と2）が「技術協
力」におけるコンサルティングに当たるので、契約の相手方は日本政府・
JICA、3）は、資金協力（有償資金協力・無償資金協力）におけるコンサル
ティングに当たるので、契約の相手方は相手国政府・事業実施機関となりま
す。

　これまで私は主に、2）の業務に携わってきましたので、ここからは、2）
の仕事を具体的に紹介します。ということで、JICA から委託される業務の内
容が、開発コンサルタントの業務範囲と思えばわかりやすいでしょう。図5-1
で、実際にどのような業務が委託されるか、全体像をつかみましょう。

　図の読み方を説明します。まず、横軸は、ODA 事業の計画・立案段階から実施、さらに事後の段階までの流れを示しています。縦軸は、ODA 事業を 1 章でも説明した 3 つのスキームである、技術協力・有償資金協力・無償資金協力に分けています。

　では、横軸に沿って、事業を行う段階ごとに見ていきます[2]。

1．援助戦略（プログラム）

　この段階では、技術協力・有償資金協力・無償資金協力の 3 つのスキームに共通する開発コンサルタントの業務として、「開発課題の分析のための調査・研究」や「協力プログラム作成のための基礎・情報収集確認調査」があります。前者の「開発課題の分析のための調査・研究」とは、開発課題と呼ばれる、開発途上国が直面する課題の解決に向けた調査・研究を行う業務のことを言います。「開発課題」とは、具体的には、途上国が抱えるさまざまな課題やテーマ、例えば、貧困削減・基礎教育・HIV/ エイズ対策・農村開発・中小企業振興などを指します。後者の「協力プログラム作成のための基礎・情報収集確認調査」の「協力プログラム」とは、開発のインパクトを大きくするために、既存のセクター、サブセクターの個別のプロジェクトをくくったものを意味しており、それを作成するためにいろいろな情報を集める調査を行うものです。

2．案件形成（個別プロジェクト）

　この段階でも、スキームの種類を問わず、「プロジェクト形成のための協力準備調査」への参加が開発コンサルタントの業務としてあります。具体的には、個別のプロジェクトの発掘・形成および妥当性・有効性・効率性等の確認を行う調査です。「発掘」とは、プロジェクトのネタを見つけることであり、「形成」とは、そのネタをより本格的な計画に作り上げることです。「妥当性」は、これから計画されるプロジェクトが税金を投じて行うに値する意味のある

---

2 ）以下は、JICA ウェブサイトの「コンサルタント等契約における主な業務内容」(https://www.jica.go.jp/announce/beginner/application/consultant/index.html）を参考にしました。アクセス日：2020 年 6 月 13 日。

プロジェクトか、「有効性」は、実施して実際の効果が期待できるプロジェクトか、「効率性」は、そのプロジェクトを行う上で、お金や資源が無駄の少ない形で活用されるか、をそれぞれ確認する視点です。

3．審査

　この段階は、特に「技術協力」プロジェクトを具体的に設計するための「詳細計画策定調査」が行われ、政府やJICAの調査団の団員として、開発コンサルタントが加わります。この調査では、対象案件の内容や予想される協力の効果を明確にし、プロジェクトを実施することが適切であるかどうかを総合的に検討します。

4．実施（個別プロジェクト）

　開発コンサルタントは、個別プロジェクトの実施のために、単独の専門家として雇用されたり、相手国の政府高官や実務者に対する研修を行ったりします。さらに、複数名からなるチームとして「技術協力プロジェクト」を担ったり、「開発計画調査型技術協力」を行う専門家として雇用されたり、「円借款付帯プロジェクト」へ参加したりします。

　上記の「技術協力プロジェクト」とは、技術協力の一環で、専門家の派遣、研修員の受け入れ、機材の供与等を組み合わせて、相手国のカウンターパート[3]の能力強化、技術移転を行うことを目的とする事業です。「開発計画調査型技術協力」とは、同じく技術協力の一形態であり、途上国の政策立案や公共事業計画策定を支援することを主な目的とするものです。これは、調査を行うその過程において、相手国のカウンターパートに対し、調査・分析手法や計画策定手法等の技術移転も行うことを目的としています。「円借款付帯プロジェクト」とは、円借款事業にいわば、コバンザメのように付帯して、円借款事業を迅速に行い、または開発効果の増大に寄与するために実施されるプロジェクト型の支援業務です。

3）国際協力の場において、現地で受け入れを担当する機関や人物のこと。

表5-1　開発コンサルタントの仕事のまとめ

ODA事業の段階	開発コンサルタントの行う業務	業務の類型
1．援助戦略 （プログラム）	開発課題の分析のための「調査・研究」や協力プログラム作成のための「基礎・情報収集確認調査」	調査業務
2．案件形成 （個別プロジェクト）	プロジェクト形成のための「協力準備調査」	調査業務
3．審査	「詳細計画策定調査」（調査団員としての参加）	調査業務
4．実施 （個別プロジェクト）	単独の専門家、相手国の政府高官や実務者に対する研修の実施、複数名からなるチームとしての「技術協力プロジェクト」の実施、「開発計画調査型技術協力」の実施、「円借款付帯プロジェクト」への参加	技術移転
5．評価	「事後評価」	調査業務
	「フォローアップ」	技術移転

5．評価

　この段階では、プロジェクトが終了した後に事後的にプロジェクトを評価したり、プロジェクトの効果を保つための支援業務を行ったりする専門家として、開発コンサルタントが雇用されます。「事後評価」と「フォローアップ」が主な業務ですが、「事後評価」とは、事業を総合的に見て効果が発現しているか等を検証するため、プロジェクトの終了後に一定期間が経過した後、有効性や持続性、インパクト等の観点について調査する仕事です。ここで、「インパクト」とは、プロジェクトが終了した後、長期的に見て現れる大きな効果のことであり、プロジェクトが最終的に目指している状態です。「持続性」は、プロジェクトが終了して日本側の専門家が去っても、プロジェクトが達成した成果が保たれていくのかという視点です。

　「フォローアップ」とは、外部要因等により、JICAが実施もしくは関与した協力に関する維持管理および協力の自立発展が困難な事態が発生した場合等に、比較的少額の追加的な資金の投入により、（1）供与・整備・建設された機材・施設の機能を回復したり、あるいは、（2）プロジェクトの成果の維持発展・拡大・普及を行ったりすることを目的とする事業です。

　以上は、ODA事業の流れに沿って、開発コンサルタントの出番を見ましたが、実際に行う業務の内容で見ると、上記は大きく、「何らかのテーマに関して情報を収集して分析し、報告書にまとめる」調査的な業務（以下「調査業務」とします）と、「援助する相手国の政府職員や実務家などに対し、日本の技術を伝授したり、問題解決のための方策を相手国と共に考える」技術指導を行う業務（以下、「技術移転」とします）の2種類に分けられます。全体を整理すると、表5-1のようになります。

　次に、どういった手順で業務が行われるかを調査業務と技術移転の2つでそれぞれ見てみましょう。

2　調査業務

　これは、すべてのJICAの委託業務に当てはまることですが、基本、業務は、特定のポストとして個人を対象に公募され、競争入札（注：価格競争のある場合とない場合がある）により選定されたコンサルタントが、業務を実施できます。大まかな業務の流れは、

　　公募 → 応札 → 受注 → 契約締結 → 業務の実施

という形です。公募は、毎週のように、JICAから情報が提供されます。公募の際には、公示といってコンサルタントにやってもらいたい業務の骨子（業務内容・時期・業務量・応募の要件）が配布され、個々の企業やコンサルタントは、自分の関心のある案件にプロポーザル[4]を提出するという形で応募します。プロポーザルは、JICA内のしかるべき審査者により審査され、その案件に最も適当と思われる企業やコンサルタントが選定されます（コンサルタントにとっては、「受注」という）。

　選定されたコンサルタントは、以下のような形で業務を実施します。

4）ODA事業において、業務委託を受けるために、応募する企業・コンサルタントが提出する「提案書」です。

■調査業務の骨子

調査業務のひとつである「事後評価」の業務を例にとります。事後評価の場合、基本、JICA が支援したり実施したりした特定のプロジェクトの評価を行います。通常、原則として事業終了後3年までに実施されます。評価項目は、いわゆる DAC の5項目評価が中心になります。DAC（Development Assistance Committee：開発援助委員会）とは、経済協力開発機構（OECD）の下部機関として1961年に設立された、開発援助に関連するあらゆる問題について討議、検討を行う委員会であり、5項目とは、妥当性・効率性・有効性・インパクト・持続性（自立発展性）の5つです。以下に原典から引用します（筆者訳）。

> 「評価とは、実施中、あるいは完成したプロジェクト・プログラムあるいは政策の設計や実施・結果に関する、できるだけ体系的かつ客観的な判断である。その目的は、事業目標の妥当性（relevance）・効率性（efficiency）・有効性（effectiveness）・インパクト（impact）・持続性（sustainability）を見極めることである。評価は、援助する側・される側双方の今後の意思決定プロセスの中に学んだ教訓を反映できるよう、信頼でき、有益である情報を提供すべきである。」

JICA で行われる事業評価では、以下の3つの目的が掲げられています[5]。
①事業運営管理の手段として活用する
②援助関係者・組織の学習効果を高める
③JICA 事業に対する説明責任を果たす

例えば、①は評価対象となる事業に具体的な提言を行うことで、事業の質を高めることができます。②は、こうして学習した結果、得られる教訓を将来の事業に生かすことができます。③は、ODA 事業は、みなさんの尊い税金を使って行われるもので、評価は、税金がきちんと使われたことを事後的に確認す

5）出所：JICA「プロジェクト評価の手引き」（2004年2月、p.18）より。
　　ただし、2014年5月に出された「JICA 事業評価ガイドライン（第2版）」では、JICA の事業評価の目的は、①PDCA サイクルを通じた事業のさらなる改善、②日本国民および相手国を含むその他ステークホルダーへの説明責任（アカウンタビリティ）の確保の2点としていて、この①は、本文中の目的の①、②を束ねたものと考えられます。

Column: 評価とは何か？

　世の中一般では、「評価」は、以下のように定義されています。

　「物の価値や価格を論じて決めること」——新明解国語辞典
　「品物の価格を定めること」「善悪・美醜などの価値を判じ定めること」——広辞苑
　"Evaluation: Deciding the amount or value of something"（評価：物事の量や価値を定めること）——Oxford Advanced Learner's Dictionary of Current English

　すなわち、評価とは、「目の前にある事柄のよしわるしを<u>一定の基準にしたがって</u>判定すること」と言えます。実は、みなさんは日常生活の中で、しょっちゅう評価をしているのですね。例えば、ランチタイムに外食するとき、どのレストランに行こうか、といった状況では、以前、みなさんがとった食事の結果が頭の中に残っており、それが参考にされています。

　例えば、知っているレストランから1カ所選ぶとすれば、みなさんが過去に行ったことのあるレストランについて、味のよしわるし、価格の高低、総合的なコスパのよしわるし、さらには店員の接客態度などの複数の物差しで総合的な評価（「とても良い、そこそこ、ダメ」など）による比較と選択が、頭の中でなかば無意識にされています。

　というわけで、実は、「評価」は我々になじみ深い行動であり、毎日、いろいろな局面で私たちは「評価」をしていると言えましょう。

る作業でもあります。

　したがって、評価という業務は、地味ではありますが、非常に大事な業務なのです。

44

■実施体制

　調査業務には、開発コンサルタントが日本政府や JICA の職員の方々と一緒に調査団を構成して、調査団員として活動するケース（＝契約上の専門用語で「役務提供」といいます）と、調査全体を JICA から委託され、単独もしくは他のコンサルタントと一緒に活動するケース（＝専門用語で「業務実施」といいます）の 2 種類があります。事後評価の場合は、「外部評価者」として活動する、後者のケースに該当します。それ以外の大きな違いとしては、役務提供の場合は、調査の全体の設計や後方支援業務は含みませんが、業務実施の場合、コンサルタントが調査の全体設計も調査の本体ではない後方支援業務もすべて行います。役務提供における調査団員の場合、調査団長の指示に従い、自分の担当業務（調査）を行い、報告書も自分の担当分野をまとめます。業務実施に属する事後評価の場合は、この評価案件を担当する JICA 本部の担当者の指示を受けながら、調査を行い、報告書をまとめます。

■業務の流れ

　契約の締結の後、例えば「事後評価」の場合は、**表5-2**のような流れで実施されます（すべての調査業務がこの形で実施されるわけではありません）。

　業務の概観は表の通りですが、より具体的に業務の内容を見てみましょう。みなさんには、表中の字面で何となく想像できる事柄も多いでしょうから、ここでは、活動項目すべての説明は省略し、コンサルタントの主要な活動項目に焦点を当てることにします。

［事前準備］

　事前準備は、非常に重要です。ビジネスの世界でよく「段取り八分」という言葉を耳にします。これは、「成功するかどうかの80％は準備で決まる」という意味ですが、私が本や実務で学んできた感触では、ありとあらゆる業界に当てはまるようです。ODA コンサルティングもその通りで、事前にどれだけ準備を充実させられるかで最終的な成果品の質も決まるように思います。この格言の良いところは、しっかり準備さえすれば、本番を心の余裕を持って迎えられることも含むことですね。本番は常に緊張との戦いでもありますから、準備

表5-2　調査業務の流れ

項　　　目	調査の本体業務の活動項目	後方支援業務に関する活動項目
1．事前準備 （現地調査の 2 カ月前くらいから正味 2 週間程度）	・詳細調査方針の作成 ・訪問先（相手国政府）への説明資料の作成 ・質問票の作成 ・L/C*の業務内容の確定	・航空券や宿泊先の手配（場合によっては、ビザの取得が必要） ・L/Cの雇用
2．現地調査 （通常 2 回。1 回当たり 2 週間程度）	・JICA事務所への訪問 ・相手国政府や関係機関への訪問 ・案件で建設された施設の見学 ・プロジェクトの受益者や関係者への聞き取り ・サンプル調査の実施	・領収書の取り付けや会計記録の作成
3．事後のまとめ・報告書の作成 （2 回の現地調査の合間や 2 回目の現地調査終了後、3 カ月程度の間に報告書を作成）	・調査結果の分析 ・評価報告書の作成	・精算作業（何にいくらお金を使ったかを明確にする作業） ・JICAへの精算結果の報告

（注）　＊：Local Consultant の略。調査の実施国に在住するコンサルタントで、現地の状況に精通し、かつ、特定のテーマの専門家であり、日本人調査団員を補佐する役割を持つ。

をしっかりすれば、成功の確率も高くなるように思います。

○詳細調査方針の作成

　JICA 評価部のほうですでに標準的な指針をお持ちなので、コンサルタントはこうした指針に沿って、より具体的で細かな調査の方針を設定します。

○質問票の作成

　主な質問票としては、評価対象事業の実施機関に対する質問票と事業が想定する受益者（プロジェクトの実施により、便益を受けたり、問題を解決される人々）向けの質問票があります。事前に質問票を作っておき、現地で質問票を見ながら聞き取りを行うケースが多いです。質問票はやはり、時間をかけて丁寧に作成し、練れば練るほど良いものになります。

［現地調査］

○JICA 事務所への訪問

　通常、調査期間の初めと終わりに事務所を訪問します。なぜかというと、現地の事務所は、個々のプロジェクトの進捗をモニターする責任があるため、特に事後評価の場合、それまでの JICA 職員の方々のプロジェクトのモニタリング結果を外部評価者（開発コンサルタント）と共有するのは、彼らの業務の一端であるからです。また、彼らが面倒を見てきたプロジェクトがどのような結果に終わり、どういう評価を受けるかというのは、彼らの大きな関心事であるため、外部評価者との情報交換・意見交換は大きな意味を持つのです。

○相手国政府や関係機関への訪問

　プロジェクトの実施に当たっては、必ず相手国の特定の機関や部署が遂行責任を持っていますから、彼ら（具体的にはプロジェクトのマネジャーなど）を訪問し、意見交換をすることは必須です。こうした相手国の機関をカウンターパートと呼ぶのでしたね。上述した評価5項目のうち、いくつかの項目に関しては、彼らからの情報提供が必須です。具体的には、「妥当性」における相手国政府の政策や戦略、「効率性」を判断するための実際の建設や技術協力活動にかかった時間とお金の確認、「有効性」を判断するための、建設された施設の稼働状況（資金協力の場合）や研修事業などにより達成された相手国政府の人材の能力開発の度合（技術協力の場合）の確認、プロジェクトで建設された施設の維持管理担当部署（資金協力の場合）や活動を維持していく担当機関・部署（技術協力の場合）に関する組織・制度面、技術面、財務面からの「持続性」の確認などを、事前に用意した質問票に沿って行います。なお、こと「持続性」に関する質問は、建設された施設の運営や維持管理を専門に行っている機関（資金協力の場合）や技術協力を受けた機関に対して行います。

　質問票はかなりのページ数からなり、質問項目も多いため、限られた時間の中でいかに質の高い聞き取り作業を行うかが勝負になります。こうした聞き取り作業は、1回では終わらないため、いかに多忙な相手を嫌な気分にさせず、付き合ってもらうのかも重要です。そのためには、外部評価者（開発コンサルタント）は、以下のような工夫をします。

・事後評価の目的をしっかり説明し、その重要性を理解してもらう

・彼らの仕事に関心を持ち、敬意を表する

・事前にできるだけプロジェクトやプロジェクトの分野（例：運輸、上下水道、電力等々）について学んでおき、ごく基礎的なことは聞かなくても済むようにする

・質問は、何げなく What、Why、How をぶつけるのではなく、可能な限り、自分が多分こうではないか、と仮説的に設定した状態を確認する形で行う

・相手方の適任者に質問を振り（質問を分散させ）、特定の人への負担を減らす

・聞き取りはてきぱきと行い、同じことを何度も聞かない

・簡単な情報からどんどん回収し、質問票の途中で立ち止まらず、全体を何度もなめるように確認する

・インターネットや発行されている統計書などでわかることは、相手の手を煩わせずに自分で調べる

・相手が生情報を持っているときは、それをそのまま受け取り、先方が情報を加工する手間を省く

・必要に応じ、議事録やメモを作成し、書かれた文章で確認を求める（情報の正確性が高まりますので、非常に重要です。その際、協力への謝辞も忘れずに）

　このような工夫を常に心掛けていると、先方も次第に当方に敬意を表してくれるようになります。

○**案件で建設された施設の見学**

　資金協力のプロジェクトにおいては、何かしらの施設が建設されますから、そうした施設（例：道路・橋梁、上下水道設備、発電所、空港等々）を実際に訪れて、きちんと機能しているかどうかを確認します。通常、外部評価者（開発コンサルタント）は、エンジニア・技術者ではありませんから、地元のそう

いう分野のエンジニア・技術者を相棒（上述のようにローカル・コンサルタント、あるいはナショナル・コンサルタントなどと呼びます）として雇用し、彼らのサポートも得て、実態の分析を行います。

○プロジェクトの受益者や関係者への聞き取り

個々のプロジェクトには必ず、その人々のためにプロジェクトがつくられた、というプロジェクトから恩恵を受ける受益者と呼ばれる人々がいます。そうした人たちに、評価5項目のうち、特に「インパクト」を確認するために、聞き取りを行います。例えば、道路プロジェクトの場合は、道路を利用する近隣住民や企業、運輸業者、地方自治体の方たちが主要な受益者になります。関係者は、何らかプロジェクトにかかわった人々、プロジェクトの影響を受けた人々で、道路プロジェクトの場合、道路を造るために住居の移転を余儀なくされた人や私有地を売却した人、道路工事にかかわった人々、また、近隣住民の健康状況を通して、工事の環境に与える影響を間接的にうかがうことのできる医療関係者なども含まれます。こうした聞き取りも、事前に質問票を用意して行います。聞き取りの相手と同じ言語でコミュニケーションが取れない場合は、上記の相棒であるナショナル・コンサルタントに通訳してもらったり、彼らに聞き取りをお願いしたりします。

こうした受益者・関係者への聞き取りにおいても、上記の「相手国政府や関係機関への訪問」以上の配慮や工夫が必要です。これらの聞き取りは、事前にアポイントメントを取って訪問するケースばかりではありません。突然、彼らの居住空間に外国人が現れ、30分もの長きにわたり根掘り葉掘り聞くわけですから、できるだけ失礼のないような振る舞いが必要ですね。柔道ではありませんが、礼に始まり、礼に終わる、です。また、彼らは、インタビュー自体に慣れていませんから、物事を多少誇張したり、話が脱線したりもします。記憶が不確かであることもままあります。そうした場合、インタビュー者は、相手のプライドを傷付けないように、

・論理・つじつまが合わない場合は、ストーリーを再構築して、「○○○、こうしたことですね？」と確認する。

・にわかに信じがたい話については、別の聞き取りで再度確認する。

ようにしています。

　また、インタビューの目的を説明すると、察しのいい人は、リップサービスしようとしてくれますが、あくまでも、耳に優しい「模範回答」は求めず、誘導もしないように、淡々と事実を確認するようにしています。

　こうした聞き取りを行うと、ホテルに帰ってメモを読み返しているうちに必ず、聞き漏らしたことや回答の矛盾点に気付きます。多くの場合は、インタビューのやり直しはできませんから、聞き取りの最中は常に頭を働かせ、後々、積み残しや疑問が残らないように気を付けます。ここらあたりは、一定の経験の蓄積も必要かと思います。

　なお、インタビューを受けること自体を快く思わない方もいますから、その場合は、無理強いをせずに、さっと引く（インタビューを切り上げる）ことも必要です。

○サンプル調査の実施

　上記のプロジェクトの受益者や関係者への聞き取りを、一定量の規模で大々的に行うことがあります。統計学的に言うと、母集団が 1 万人のときは400くらいのサンプル数が望ましいです。使う道具は、基本的に上記のような聞き取りに使う質問票ですが、後々の統計処理の手間も考え、定量的な質問やいわゆる選択式回答の比重が増します[6]。サンプル調査の方法については、簡単には説明できませんが、ネットや書店で、「社会調査」というキーワードで簡単に手ごろな手引書を入手できますから、ここでは、詳細には立ち入らないことにします。1 点、お話ししておきたいのは、サンプル調査で雇用する現地の調査員のことです。上記のような数のサンプルを集めるには、10人、20人といった規模で調査員を雇用し、調査全体をコンサルタントが監督しなくてはなりません。したがって、自分が行う調査を代行してもらうので、粗相のないよう、か

つ、客観的な聞き取りになるよう、彼らに対する十分な指導やガイダンスが必要です。また、調査の精度を上げることもさることながら、屋外で行う調査の場合には、調査員の健康や安全にできるだけ配慮するようにしています。

［事後のまとめ］
○調査結果の分析

　現地で行った聞き取り調査・質問票調査の結果を分析します。全体の傾向を把握するには、定量的な情報を用いて、簡単な統計処理（合計値、平均値、分布状況等々）を行います。定性的な情報は、具体的な事例を把握し、評価の判断材料として使います。分析の基本は、計画と実績の対比ですが、その差を確認して終わりではなく、なぜ計画したような実績が出たのか、あるいは出なかったのかの因果関係の分析も重要です。こうした分析は、今後の類似のプロジェクトをより良い形で行うための教訓を引き出すことに大いに役立ちます。もっとも、プロジェクトで予定していた成果やインパクトが実際に現れるかどうかは、さまざまな内部・外部の環境要因にも左右されますから、正確な分析は非常に難しいのが現実です。

　有償資金協力（円借款）プロジェクトの事後評価の場合、必ず行われるものに経済・財務分析があります。通常、内部収益率[7]の算出を行い、当該プロジェクトが、そもそも経済・財務的に望ましいか（その国・社会や機関にとって大きな資金を投ずる価値があるのか）を確認します。こうした分析は、事後評価の段階だけでなく、まず、プロジェクトを計画・立案する段階で行われ、やはり事後に計画と実績を対比することになります。

○評価報告書の作成

　上記の「評価の5項目」に沿って、評価報告書をまとめます。報告書の書き方は、評価者の間でてんでんばらばらにならないよう、JICAより標準的な書式が提供されており、それを活用します。上で見たように評価における現地の調査期間は1回たかだか2週間程度です（事後評価の場合、通常、計2回）。

7）少し難しいですが、事業収益率を示す指標のひとつで、事業の便益の現在価値が費用の現在価値と等しくなるような割引率のことです。

こうした限られた時間内に多数の人間が関わった数年間にわたるような大きな営みを評価するわけですから、最終的な評価報告書の持つ影響を十分に考え（結果は、JICA のウェブサイトを通じて全世界に発信されます）、独り善がりの判断や偏った判断にならないよう、最大の注意を払うようにしています。そのひとつの方策として、三角検証[8]と言いますが、できるだけ、情報源を多様化し（聞き取り対象のカテゴリーを増やしたり、情報源を人や政府の統計など多様化する）、また情報の種類を多様化したりします（定量的情報、定性的情報など）。評価は、必ず価値判断を伴うので、基本、評価者の意見が尊重されますが、業務の委託者である JICA の方々も評価の質には注意を払いますので、報告書の内容は、論理性や説得性が十分にあるかどうかの確認を受けます。

　なお、以前は、プロジェクトの実施期間の中間地点と終了時に、JICA 本部から評価調査団が派遣され、評価（中間評価・終了時評価）を行い、実績を確認した上で、提言や教訓を残していましたが、近年は廃止され、本格的なプロジェクトの評価は事後評価のみとなりました。

3 技術移転

　技術移転の場合も、大まかな業務の流れは調査業務と同じです。大きな特徴は、コンサルタントの選定過程で、必ず価格競争が行われることです。上記のプロポーザル提出の段階で、業務の実施方法の提案とそれに必要な予算の見積もりの両方を示す必要があり、提案と予算（価格は安いほうが有利です）の両方の総合点で最も高い応募者(社)が選定されます。価格競争の側面は経年的に強まっており、コンサルタント間の競争は激しくなっています。

　具体例として、表5-1の中から「複数名からなるチームとしてのプロジェクト（技術協力プロジェクト）の実施」の例を挙げて説明します。

■技術協力プロジェクトの骨子

　技術協力[9]の一環で、専門家（調査団）の派遣、研修員の受け入れ、機材の

8）複数の方法を組み合わせて調査を行うことによって、それぞれの長所を生かしつつ短所を補い合うこと。英語では、トライアンギュレーション（triangulation）。

供与等を組み合わせて、相手国のカウンターパートの能力強化、技術移転を行うことを目的とする事業です。では、「技術移転」とは何かですが、辞書（三省堂『大辞林』第3版）によりますと、「技術力の高い国・企業・産業分野から技術力の低い方へ技術が移されること。例えば、先進国から発展途上国への技術援助や、宇宙開発技術の民生分野への応用など」とあります。こう聞きますと、わが国から相手国（途上国）への一方的な指導や教育のように感じられますが、必ずしもそうではありません。日本の技術をそのまま持っていってすぐに使えるほど、世の中は単純ではなく、通常、日本の技術や専門家の知見を現地の環境や文化に合うように調整・修正したり、現地の技術や伝統的な知恵と結び付けて、新たな技術を生み出すといった創造的なプロセスが必要になります。

　技術協力プロジェクト全体の流れは、以下の通りです[10]。

1．案件発掘・形成
　相手国政府との協議、JICA在外事務所による情報収集、協力準備調査などにより案件発掘・形成を行います。

2．要請～採択
　相手国からの要請に基づき、外務省、関係各省、JICAが採択可否を検討します。採択された案件は、日本政府から相手国政府へ通報され、在外公館ベースで協力にかかる口上書を交換します。

3．検討／事前評価
　対象案件の内容や予想される協力効果を明確にし、実施の適切性を総合的に検討するため、必要に応じて詳細計画策定のための調査を実施した上で、「妥当性・有効性・効率性・インパクト・持続性」の5つの評価項目による事前評価を行います。

9）日本の知識・技術・経験を生かし、開発途上国・地域の社会・経済の開発の担い手となる人材の育成を行う経済協力であり、多種多様な方式があります（出所：『国際協力用語集（第4版）』佐藤寛監修・国際開発学会編、国際開発ジャーナル社、2014年、「2017年版 開発協力白書」より）。

10）出所：JICAホームページ「技術協力プロジェクトの事業サイクル」（https://www.jica.go.jp/activities/schemes/tech_pro/approach.html）。アクセス日：2020年6月13日。

4．プロジェクトの実施／事業進捗促進（モニタリング）

プロジェクトの実施や活動内容・必要な措置について、JICA と相手国政府実施機関との間で合意文書（Record of Discussions：R/D）を締結します。

プロジェクト実施中は、計画段階で策定した計画に基づき、JICA と先方実施機関双方が協力成果の発現に向けた定期的なモニタリングを通じて事業進捗促進を行い、事業終了時点での協力成果の確認を行います。

5．フォローアップ／事後評価

通常のプロジェクトは一定の協力期間を経て終了しますが、必要に応じて補完的な支援を実施します。

事後評価はプロジェクトの終了後数年が経った時点で行い、評価結果は類似プロジェクトの形成・実施のための教訓として活用します。

ここでは、「プロジェクトの実施」部分に焦点を当てます。

■実施体制

技術協力プロジェクトの実施体制を、**図5-2**に示しました。基本的に、技術協力プロジェクトは、日本側の専門家チームと相手国側のプロジェクトチームが、合同でプロジェクトを実施します。

日本側は、プロジェクト・マネジャー（JICA の専門用語では、「チーフアドバイザー」と呼びます）がチーム全体を率い、彼・彼女のリーダーシップの下、個別のタスクを与えられた専門家が、主に相手国側のプロジェクトチームの構成員に対し技術指導を行ったり、一緒に問題解決の方法を探ったりします。相手国側のプロジェクトチームは、相手国の実施機関の内部や下部の組織であり、やはりプロジェクト・マネジャーがいてチーム全体を総括します。日本側は、業務の委託者である JICA が、業務の監督を行います。監督は、日々のメールや面談でのやりとりから、節目節目の会議による進捗報告までさまざまな方法があります。JICA は、案件によって、本部の特定の部署が管轄する場合と、プロジェクトの実施地に所在する海外事務所が管轄する場合とがあり

図5-2 技術協力プロジェクトの実施体制図

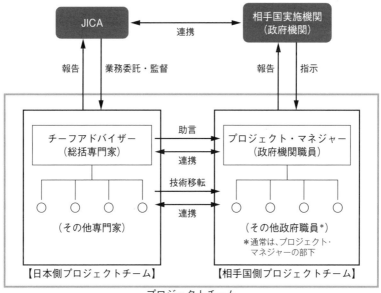

（出所）筆者作成。なお、読者の理解を促進するため実態を単純化しており、さまざまな
関係者は一部省略しています。

ます。相手国側には、プロジェクトの活動をモニターする責任者として、プロジェクト・ディレクターと呼ばれるポストが置かれます。プロジェクト・ディレクターは、プロジェクト・マネジャーの上司であるケースが多いです。プロジェクトを円滑に進めるためには、まず、日本側のプロジェクト・マネジャーと相手国側のプロジェクト・マネジャーが緊密に連絡を取り合うことが大切です。

　より細かく見ると、通常、相手国側には、実施機関以外に「協力機関」というものがあります。また、日本側の専門家を補佐してプロジェクト活動を進めてくれる現地のコンサルタントを雇用することが多いですし、プロジェクトの最終的な受益者とももちろん、日常に接することがあります。

　したがって、関係者は多種多様であり、これら関係者といかに良いチームワークを形成するかが、プロジェクトの成否を決めるといっても過言ではないと思います。

■業務の流れ

上記の「技術協力プロジェクト全体の流れ」の中の「4．プロジェクトの実施／事業進捗促進」をもう少し細かく説明します。

通常、プロジェクトの受注後、コンサルタント会社（実際にはプロジェクトチーム）は、業務計画書を作成します。それを業務の委託機関である JICA に確認してもらい、実際の業務が始まります。かつては、プロジェクトにおいては、JICA が直接プロジェクトを実施する立場にあり、専門家が複数名派遣され、何年間も現地滞在して（日本に帰国する休暇はあり）、活動を実施していました。最近は、民間企業が委託を受け、実施するケースが増えており、専門家の滞在期間も何年間も続けて現地に張り付くのではなく、シャトル型業務と言って、1年間に複数回、日本と相手国を往復する形態の業務が多いです。プロジェクトの実施期間は、平均で4年程度です。

業務計画書の作成において、それに付随する重要な計画文書として PDM（プロジェクト・デザイン・マトリックス）というものがあります。これは、1枚の紙でプロジェクトの計画からモニタリング、さらには評価を行えるツールです。原則、すべてのプロジェクトで PDM が作成されます。PDM の骨子は以下の通りであり、左側にプロジェクトの活動内容や目標の項目が並び、中央にその具体的な到達指標と指標の入手・確認手段、右側に前提条件・外部条件の欄があります。

プロジェクトの要約	指　標	指標の入手手段	外部条件
上位目標			
プロジェクト目標			
成　果			
活　動	投　入		
			前提条件

表5-3　技術協力プロジェクトの主な活動と関係者

段階	作業	参加目的	関係者	参加手法
プログラム形成	開発課題の確認 現状調査・ニーズ調査	情報を提供する	行政機関関係者 C/P	
プロジェクト形成	T/Gのキャパシティ・アセスメント C/P機関のキャパシティ・アセスメント プロジェクト・デザイン	情報を提供して もらう 協議する	T/G 地域住民 住民組織 協力機関関係者	資料配布 ワークショップ
事前評価	リスクの洗い出し 実施体制の構築	計画する	反対者 他ドナー	会議・ ミーティング
実施	T/Gのエンパワメント計画 C/Pの能力強化計画 プロジェクト実施管理 活動の実施	意思決定する 受講してもらう	JICA事務所長 JICA担当者 JICA企画調査員 調査団	報告会 共同作業 その他
モニタリング	モニタリング 中間評価 計画変更	資源を提供して もらう 作業をしてもらう	プロジェクト チーム	
終了時評価	終了時評価	その他	その他	

（出所）『事業マネジメントハンドブック』国際協力機構国際協力総合研修所、2007年、p.64。

　このPDMの一番下に活動項目が列記されますが、それだけだと実際に活動を行うのは難しいので、横に時間軸を入れてより細かな活動に分解し、活動をいつ・誰が・何を行うかを示した、PO（Plan of Operation：活動計画書）と呼ばれるバーチャートも作成します。

　活動は、PDMやPOに沿って粛々と実行されます。表5-3に、どのような活動が行われるかを、JICAのマニュアルからご紹介しましょう（参考までにプロジェクトの実施前の段階も含まれています）。

　なお、少し余談になりますが、開発プロジェクトにおけるPDMの活用に関しては長い間議論があります。これは、プロジェクトを実施する際のアプローチに大きく2つ、「最初からすべてが計画されている青写真を実行しようとする」青写真アプローチ（Blueprint approach）と「実験、学習、参加型でゆっくりとした活動の展開を重視する」プロセス・アプローチ（Process approach）があり、PDMは、前者のアプローチの典型的なツールですが、プロジェクトの置かれた環境の複雑さが増せば増すほど、青写真アプローチやその典型であるPDMの活用は効果的ではないというものです[11]。長年、PDMを活用してきた実務家の立場から言わせていただくと、上記の議論には一理あ

るのですが、PDM は使い方によって柔軟に環境変化に対応できるので、いろいろと工夫を施すことにより、開発プロジェクトのマジョリティ（多数）には依然として活用できると思っています。要は、当初計画をかたくなに守るのではなく、必要に応じ修正することが大事です。

　JICA の推奨する実施体制は、「プロジェクトの運営は、参加型で行なう。日本側がイニシアティブを取って、そこに相手国側関係者が参加するという『参加型』ではなく、プロジェクトの計画、実施、評価といった運営全般に途上国側の参加を得、途上国側の主体性を確保しつつプロジェクトを運営していくもの」[12]です。私もそれが、あるべき姿だと思いますが、実際には、プロジェクト活動に専念できる我々コンサルタントとは違い、相手国側のプロジェクト・マネジャーは多くの日常業務を抱えており、非常に多忙なケースがほとんどですから、日本側がイニシアティブをとらざるを得ない局面も多々あります。

　私が実際にプロジェクト・マネジャー（チーフアドバイザー）を務めた過去のプロジェクト従事経験から、プロジェクト・マネジャーの最大公約数的な役割を列記すると以下の通りです（プロジェクト・マネジャー以外のメンバーである開発コンサルタントの業務は、プロジェクトにより千差万別ですので、6章で実例を紹介します）。

・プロジェクト全体の計画・運営・管理
・他の専門家の活動のモニタリング・支援および相手側実施機関との必要な情報共有
・プロジェクトの節目節目における相手側実施機関や相手国政府との協議
・JICA への状況報告と契約の履行管理
・プロジェクトの成果品の査読、完成
・プロジェクト・マネジメントに関する C/P[13]の能力強化

---

11) こうした議論をまとめた興味深い論文があります。「The Puzzle of the Universal Utiliza-tion of the Logical Framework Approach: An Explanation using the Sociological New Institutional Perspective」（「Literature Review No.14」JICA 研究所、2018年12月）。
12) 出所：『事業マネジメントハンドブック』国際協力機構国際協力総合研修所、2007年、pp.63-64。

・プロジェクトの予算管理

・プロジェクトチームの労務管理

・プロジェクトチームの安全管理

・プロジェクトの活動を広報するセミナーの開催

・プロジェクトが直面する諸問題への取り組み

　プロジェクトは毎月、月報を JICA のプロジェクト担当者に提出し、さらに節目では、モニタリングシートを作成し、進捗報告を行います。さらに、年に2回ほど、相手国政府や JICA 職員の方たちを交えたプロジェクト運営委員会（JCC：Joint Coordinating Committee）を開催して、進捗確認が行われます。こうした進捗確認は、モニタリングと呼ばれますが、プロジェクトを成功させるには不可欠な活動です。モニタリングには、プロジェクト内で、個々の専門家ベースで行うものから、上記の JCC のように大きな節目で行われるものまで、いくつかの段階がありますから、**表5-4**で紹介しておきましょう。

　モニタリングを行う場合には、モニタリングシートと呼ばれる書式を活用するのが非常に効果的です。最近は、JICA により指定されたものがありますが、私は、**表5-5**のような書式を使ってきました。

　モニタリングシートは、活動と成果の２層構造になっています。

　「活動」レベルでは、四半期の初めに当該四半期の活動計画を設定し、毎月末、当該月に期待される活動目標の達成度を測定し、未達成の場合はその原因を見極め、それに対処することにより、翌月以降の活動の改善や挽回を図ります。具体的には、当該活動を担当する専門家が作成・記入し、それをプロジェクト・マネジャーがモニターします。そこでは、専門家とプロジェクト・マネジャーとの間で密なコミュニケーションがとられ、正確な実態把握が行われると同時に、問題解決のための対策が一緒に練られます。

　「成果」レベルでは、四半期の冒頭に当該四半期に期待される成果目標を設定し、当該四半期末に成果目標の達成度を測定し、未達成の場合はその原因を見極め、それに対処することにより、次四半期以降の成果の改善や挽回を図り

13）英語のカウンターパートの略語で、相手側実施機関の担当者のこと。

表5-4　マネジメント階層とモニタリングの関係

マネジメント階層	モニタリングの範囲	モニタリングの頻度	モニタリングシートの活用	問題が生じた場合のとられるべきアクション
1．プロジェクト活動を担当する個々の専門家	活動	毎日、毎週	なし（各専門家の裁量でモニタリングを実施）	（活動に遅延・実施上の障害などが見られた段階で） ・各専門家が必要なアクションをとる ・各専門家が簡単に処理できないレベルの問題が生じれば、専門家はプロジェクト・マネジャーに遅滞なく報告する
2．プロジェクト・マネジャー、専門家	活動	毎月	あり（次表「モニタリングシートの書式例」のプロジェクトの「活動」レベル）	・上記の報告を受け、専門家、プロジェクト・マネジャーは共同で対応策をとる
	成果	四半期	あり（次表「モニタリングシートの書式例」のプロジェクトの「成果」レベル）	（成果の発現に支障をきたす恐れが確認された場合や成果の発現度が低かった場合） ・プロジェクトチーム内で対応策をとる ・問題の程度が深刻・重要である場合、以下のプロジェクト運営委員会に報告する
3．プロジェクト運営委員会（プロジェクトチームと先方実施機関やプロジェクトを監督するJICAの主管部署から構成される）	成果	年に2回	あり（次表「モニタリングシートの書式例」のプロジェクトの「成果」レベル）	・プロジェクトからの報告を受け、対応策を協議し決定する

ます。具体的には、当該成果項目を担当する専門家とプロジェクト・マネジャーが協力して、モニタリングシートを作成・記入します。この作業により正確な実態把握が行われると同時に、問題解決のための対策がチーム全体として練られます。さらに、モニタリングシートは、定期的にプロジェクト運営委員会の場でプロジェクトチーム外の関係者（例：相手国側実施機関やJICAのプロ

表5-5　モニタリングシートの書式例

1．プロジェクトの「成果」レベル（モニタリングの頻度は四半期）

対象期間：xx月からzz月まで（3カ月）

成　果	最終的な 目標指標	本四半期の 達成目標	実　績	目標が未達成の場合の 原因および必要な対応策
1．				
2．				
3．				
4．				

2．プロジェクトの「活動」レベル（モニタリングの頻度は毎月）

対象期間：xx月からzz月まで（3カ月）

活動の進捗		xx*2	yy	zz	担当者	予定した 活動結果	進　捗		進捗状況 の背景	次の四半期の 目標と活動
活動*1	実績(A=Actual) 計画(P=Plan)						評価*3	実績		
1-1.	A									
	P									
1-2.	A									
	P									
1-3.	A									
	P									
1-4.	A									
	P									

（注）＊1：活動は、上記の成果に対応する項目（＝達成手段）。
　　　＊2：本欄には、月ごとにバー（横線）を書く。実績は実線、計画は点線などで。
　　　＊3：段階評価で示す。

ジェクト主管部署）とも共有され、さらなるモニタリングが実施されます。

　本章の最後に、重要な技術協力プロジェクトの実施において大事なポイントを説明します。もとより、すべてのプロジェクトは、何らか目標の達成を目指しており、特にプロジェクト期間の終了時点では、「プロジェクト目標」というものの達成が重要です。通常、プロジェクト目標にはより具体的な指標（数

字や具体的な言葉で達成すべき内容が示されること）が設定されており、それが達成されるとめでたし、めでたしとなります。しかしながら、それ以上に重要なことは、その達成された状態が、プロジェクトの終了後、日本側が去っても継続されることです。そうでないと、プロジェクトが目指していた、より究極的な目標（上位目標）が達成されないことになるからです。

　具体的には、例えば、途上国の公務員の方々の能力開発のシステムをつくり、研修講師を育成し、立派なマニュアルやプログラムを残しても（ここまでがプロジェクト目標の達成になります）、そうしたシステムがプロジェクトの終了後も維持・活用され、公務員の能力開発が進まないと、最終的に目指していた公共サービスの質の向上が実現できないことになります。その意味では、技術移転をしっかり行うことで、カウンターパートの方々が、自力で事業や業務を続けていけることが非常に重要です。これをよく持続性や自立発展性の確保と言いますが、仮に PDM の目標が達成されていても、持続性や自立発展性が弱いということは十分にあり得る話で、開発コンサルタントもその雇用者である JICA 職員の方々も、この点には多大な注意を払っています。

　持続性や自立発展性の確保のためには、一緒にプロジェクトを実施する相手側のカウンターパートや政府職員の方たちにも、外部からの助っ人である日本側の専門家に頼りすぎないようなメンタリティを持ってもらうことも必要で、そこも技術移転の中の極めて重要な要素です。本来、一時的な活動であるはずの外部からの支援であるプロジェクトに頼ってしまい、ひとつのプロジェクトが終わったら、次のプロジェクトを期待してしまうような状況を「プロジェクト症候群」[14]と呼ぶコンサルタントの方がありましたが、言い得て妙と思います。相手国側の人々だけでなく、日本側も心しなくてはいけない問題だと思います。

14）『コミュニティ開発プロジェクトのマネジメント』野田直人・大槻修子著、有限会社人の森、2020年、p.4参照。

第6章
開発コンサルタントの仕事の事例集

　この章では、前章で紹介した開発コンサルタントの仕事である「調査業務」と「技術移転」について、前者は、ODA プロジェクトの評価調査、後者は、ODA プロジェクトの実施の例で 1 件ずつ見ていきたいと思います。

1 ODA プロジェクトの評価調査

　評価調査の例として、事後評価の例を紹介します。取り上げるのは、「インド・チャッティスガール州養蚕事業」という円借款事業の事後評価（2013〜14年に実施）です。

　インドという国はすでにご紹介した通り、人口が12億人を超えるアジアの大国です。2014年に経済重視の姿勢を掲げるモディ新政権が成立した後、毎年高い成長率を維持しています。日本とは古くから友好関係を維持しており、2005年 4 月の小泉純一郎総理（当時）の訪印以降、ほぼ毎年交互に首脳が相手国を訪問し、年次首脳会談を実施しています。2014年 9 月にはモディ首相が訪日し、両国関係は「特別」戦略的グローバル・パートナーシップへ格上げされています。インドの地図とプロフィールを紹介します[1]。

　評価の対象となる事業の名称を見て、「養蚕ってなあに？」と思う人もいるかもしれません。2014年、群馬県富岡市にある富岡製紙場が世界遺産の登録を

---

1 ）出所：外務省ウェブサイト。

- 人口：12億1057万人（2011年国勢調査）
- 面積：328万7469km²（インド政府資料：パキスタン、中国との係争地を含む）
- 首都：ニューデリー
- 民族：インド・アーリヤ族、ドラビダ族、モンゴロイド族等
- 言語：連邦公用語はヒンディー語
- 宗教：ヒンドゥー教徒79.8％、イスラム教徒14.2％、キリスト教徒2.3％
- 政治体制：共和制

受けたというニュースもあり、ぴんとくる人もいるかもしれませんが、「蚕（かいこ：カイコガという蛾の幼虫）を飼って生糸（絹糸の元）を作る仕事」です。江戸時代末期、鎖国政策を変えた日本は外国と貿易を始めましたが、その当時は、最大の輸出品は生糸でした。その生糸は何から作られるかといえば、蚕の繭なんです。

　評価対象事業の背景・概要は、以下の通りです（以下は、主に JICA のウェブサイト[2]で公開されている事後評価報告書による）。

　背景：養蚕は、インドにおいて有史以前からの歴史を持つのですが、雇用創出・貧困緩和に寄与する農村家内工業として注目され、インド政府も力を入れてきました。生糸生産量は、1970年の約2300トンから1995年には約1万4000トンと急増し、全世界の生糸生産量（9万9000トン）の13％を占めていました（1994年統計）。その間、生産増大や質の向上のために開発援助を数多く受けてきました。日本の協力も歴史があり、1960年代から専門家が技術指導を行ってきたほか、1991年度から、カルナタカ州の中央蚕糸局における「二化性養蚕技

2）出所：https://www2.jica.go.jp/ja/evaluation/pdf/2013_ID-P133_4_f.pdf

術開発計画」という技術協力も実施されました。本事業が実施されたチャッティスガール州（旧マディヤ・プラデシュ州）はインド最貧困州のひとつでした。州の経済はコメのモノカルチャー[3]であり、労働力を吸収する産業はほとんどなく、その中で養蚕業は大きな比重を占める産業であったのです。

　審査時点で、本事業対象地域であるチャッティスガール州の7地区は、米一期作の農業以外にあまり産業がなく、貧困率も全地区の平均値で75%に達していました。したがって、同地域の貧困層に持続可能で自立できる仕事を提供する必要性は高かったのです。中でも養蚕業は、小額の投資によりほかの農業活動より比較的高い収入が得られることから貧困緩和に最適であり、また細やかな作業が中心となるため、特に女性に適した産業とみなされていました。

《養蚕の工程》

1．蚕のえさとなる桑を育て、桑の葉を用意します。
2．刻んだ桑の葉をえさとして蚕の幼虫に与え、飼育箱の中で育てます。
3．蚕は、生後17日くらいで糸を吐いて自分の体を包んでいき、約半日で丸い形が出来上がります。これが繭です。
4．処理を施した繭から生糸を取り出します。

　事業概要：チャッティスガール州のビラスプール・ジャニギル・コルバ・ライガール・ジャシュプール・スルグジャ・コリアの計7地区において、養蚕インフラを整備し養蚕農家への技術指導を行うことにより、タサール蚕（注：蚕の一種）の生産拡大を図り、もって雇用の創出と貧困層の生活水準の向上に寄与する。つまり、日本の専門家が現地政府の養蚕局職員、NGO職員に養蚕に関する技術指導を行い、さらに、彼らが養蚕農家に指導を行うことで、農家の繭の生産量を増やし、最終的に農家の収入向上を目指すという事業です。この事業では、単に技術指導だけではなく、養蚕事業を行うためのインフラストラクチャーとして、蚕のえさとなる樹木の植林や生糸を作るための施設の整備な

3）国内の生産や輸出が数品目の一次産品に大きく依存している経済のことをいいます。

ども行われました。

　円借款の内容は、以下の通りです。

　・円借款実行額（貸付額）：1,205百万円

　・借款契約調印年：1997年12月

　・借款契約条件：金利2.3％、返済30年（うち据置[4]10年）、一般アンタイド[5]

　・借入人／実施機関：インド大統領／チャッティスガール州養蚕局

　・貸付完了年：2007年2月

　以上が、評価対象事業の内容です。次に、私が単独で従事した事後評価調査の概要は、以下の通りです。

　調査期間：2013年8月〜2014年12月（注：このプロジェクトの事業完了日は、2007年2月です。通常、事後評価は、事業のもたらしたインパクトを確認しますが、インパクトの発現には時間がかかるので、通常、事業の完了後数年が経過した段階で実施されます）。

　現地調査：2014年1月26日〜2月1日（第1回）、2014年5月5日〜5月18日（第2回）

　調査の手順は、第5章でご紹介した調査業務の「業務の流れ」（事後評価の例）と同じですが、概要を記しますと、以下の通りです（詳細は、第5章第2節を参照のこと）。

　1）事前準備（現地調査の2カ月前くらいから正味2週間程度）

　2）現地調査（2回。1回当たり2週間程度）

　3）事後のまとめ・報告書の作成（2回の現地調査の合間や2回目の現地調

4）ローンの返済をする際に、元金部分の返済を行わず、利息分のみを返済すればよい期間のことです。

5）「タイド」というのは、英語の「tied」で紐付きということであり、「アンタイド」はその否定形です。すなわち、開発プロジェクトを実施する場合に必要となる資機材や役務を調達する際に、世界中のどこの国からでも調達できる条件をいいます。ほかに、調達先を日本と開発途上国に限定した「部分アンタイド」、日本に調達先を限定した「タイド」などがあります。

査終了後3カ月程度の間に報告書を作成）

　今回の調査では、チャッティスガール州は治安上の理由により、外部評価者は基本的に事業実施地に入ることができなかったため、受益者調査・施設実査等については、外部評価者の監督下、同州の事情と養蚕に精通している現地調査補助員が実施し、その情報を基に外部評価者である私が評価判断を行わなければならないという制約がありました。

　写真6-1と**写真6-2**は、評価調査中に撮影した写真です。写真6-1は、プロジェクトで設立された蚕種製造所の中につるされた蚕の繭と蚕蛾です。写真6-2は、現地で調査員が、受益者調査、すなわち、プロジェクト受益者である蚕の生産農家への聞き取り調査を行っている様子です。

　調査の結果である事後評価結果（5項目評価）は、以下の通りです[6]。

（1）**妥当性**：高い

　本事業の実施は、インド政府の開発政策、対象地域の開発ニーズ、日本の援助政策と十分合致している。

（2）**有効性・インパクト**：中程度

　飼料木の植林は当初予定通り実施された。蚕種（蚕の卵）や繭、絹糸・紡績糸の各生産量は当初目標を下回っているものの、当初想定された雇用の創出と貧困層の生活水準の向上等のインパクトについては、相当数の貧困世帯の女性が養蚕業に従事することができ、彼女らの生活水準も向上している。

（3）**効率性**：中程度

　本事業は事業費については計画内に収まったものの、事業期間が計画を上回った。

（4）**持続性・自立発展性**：中程度

　本事業の維持管理は、組織・人員面では安定しているものの、技術・財務面に問題がある。

6）出所：https://www2.jica.go.jp/ja/evaluation/pdf/2013_ID-P133_4_f.pdf（アクセス日：2020年6月13日）。

写真6-1　蚕の繭と蚕蛾

写真6-2　蚕の生産農家への聞き取り風景

（注）上記2点の写真の撮影者は、本調査参加コンサルタントの
Jammy Venkata Krishna Rao 氏。

　このようにこの事業は、残念ながら大成功とまでは言えないものの、一定の
成果をあげました。上記に「相当数の貧困世帯の女性が養蚕業に従事すること
ができ」というくだりがあります。私も上記のような調査上の制約はありまし
たが、JICA事務所との協議の結果、ごく一部の事業サイト（現場）を例外的
に訪問させていただき、女性たちに会い、生の声を聞くことができました。そ
の時の「今までは自分に自信がなく、見ず知らずの人には、このように顔を上

げて話すことはできなかったが、養蚕から一定の収入を得られるようになり、家計にも貢献しているという自負があり、今は顔を見せて話ができる」というある女性の話には感動し、日本人として誇らしい気持ちでした。日本国民の代表として、こうした受益者の声を聞く機会を持てるのも評価調査の醍醐味のひとつです。また、現地で複数の調査員を活用して実施した受益者質問票調査によると、表6-1のように生活水準の向上という事業の効果が認められました。

表6-1　養蚕農家が事業に参加した後の生活水準の変化

項　目	大きく改善	ある程度改善	変化なし	低　下	合　計
人　数	61	74	1	0	136
割合（%）	45	54	1	0	100

　なお、上記の評価結果に「蚕種（蚕の卵）や繭、絹糸・紡績糸の各生産量は当初目標を下回っている」とあります。ここが、本事業が大成功とまでの評価にならなかった理由のひとつですが、この点については、調査に同行してくれた現地のインド人の専門家の支援も得ながら、詳細な分析を行い、その結果を実施機関への提言に結び付けることができました。以下に分析結果と提言を列記します。

分析1　生産フローにおける当初計画と実績の差の説明
　図6-1の右側に記載したような理由により、絹糸の生産の各工程で、少しずつ目標と実績が乖離した結果、最終的な絹糸・紡績糸の生産量が、当初目標を大きく下回ることとなったのです。

分析2　繭の生産量低下のプロセスの分析
　上記の分析を受け、さらに、農家に焦点を当てて、繭の生産量低下という結果を招いたプロセスをより詳しく分析、整理したのが図6-2です。こういった因果関係を説明するツリーは、問題分析のために事業の立案段階でよく作成するのですが、今回は、事後的に作成してみました。また、通常、こうしたツリーは、一番上の段階が一番下につながるという「循環」の形にはしませんが、

図6-1　養蚕プロジェクトの生産フローにおける計画と実績の推移

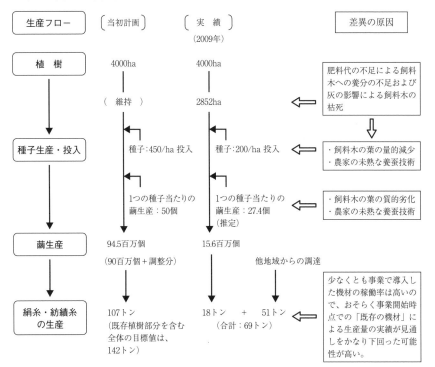

原因から結果への流れが、一度きりではなく悪循環となっていることを示す上では効果的であると思います。

　こうした分析に基づいて、以下のような提言・教訓をまとめました。一言でいえば、上記の悪循環を断ち切るためのアクションを提案したということです。この提案は、分析に基づいたロジカルな正論とは思いますが、こうした提言を実践するためには、そのための資金や技術指導が必要です。しかしながら、相手側はそもそもお金や人、技術（ノウハウ）の資源が絶対的に不足しているから援助を受けているわけであり、その実現は必ずしも容易ではないと思います。インドのように、着実に成長を続けている国は、国力の増強により、多くのセクターに行政から支援の手がいきわたることも長期的には期待できましょう。また、プロジェクトによっては、第2フェーズという形で引き続き、

図6-2　繭の生産量低下に関する問題分析図

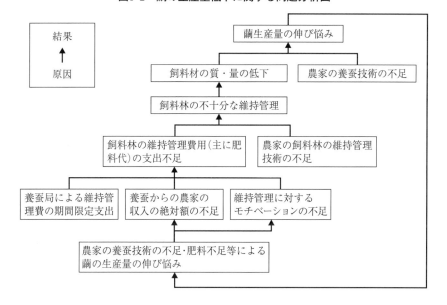

日本側が支援することもありますが、常にそうはならないため、評価者としても理想論を突き付けているだけではないか、と忸怩たるところはあります。

・実施機関に対する本事業に関する提言

　本事業では、繭生産の実績が十分に上がらないうちに、農家の植林への財務的な支援が終了し、これに、収入の絶対額の不足、農家に植林地の所有権がないことからくる、維持管理に対するモチベーションの弱さが重なり、結果的に維持管理予算が不十分となり、飼料林の質・量の低下を招いた。研修の不足による農家の技術力の不足も繭生産の伸び悩みにつながった。ただし、事業実施地以外の州では、養蚕農家が植林地を保有し、より高い収入を上げ、肥料代も捻出している例がある。また、養蚕専門家によると、ヘクタール当たりの費用投入を2000ルピー増やすだけでもかなりの効果があるという。したがって、本事業実施地では、生産性拡大のポテンシャルは大いにあると思われるので、例えば、政府による維持管理の財務支援を導入し、最低限必要な維持管理作業をチェックリストにまとめて標準化し、研修や実地指

導で徹底するなど農家への技術指導を改善することが望まれる。

・今後の（新たな）事業実施に生かすべき教訓

1）計画段階での有効な維持管理システム構築の必要性

　本事業における飼料林の維持管理費の不足の原因としては、州養蚕局による財政支援が期間限定であったことに加え、「繭生産量の伸び悩みによる農家収入の絶対額の不足」「農家に植林地の所有権がないことによるモチベーションの弱さ」「農家の技術不足」といった複数の要因が挙げられる。したがって、今後の養蚕セクター事業では、詳細計画作成段階で他州の事例もふまえつつ、施設・土地の所有権、コスト負担能力、農家への技術指導を含めた、一定期間を見通した維持管理にかかる関係者間の責任分担を検討すべきである。

2）新規養蚕農家への研修の必要性

　本事業では初期段階で当初想定された本格的な農家研修は実施されず、2日間のワークショップと植林後のOJT[7]が行われたのみであり、新規に参入した養蚕農家の間で、養蚕において実施すべき基本的な作業が部分的にしか実施されていなかった。こうした不十分な技術指導が効果の実現に向けての阻害要因になったと思われるので、今後、類似の事業を実施する際には農家研修（特に初期段階）をより強化する必要がある。

2　ODA プロジェクトの実施

　次に、ODA プロジェクトの実施の事例を見てみましょう。第1節でご紹介したのは、円借款プロジェクトの評価調査の仕事でした。ここでは、プロジェクトの種類は、技術協力プロジェクトであり、開発コンサルタントの一番大事な仕事は、調査ではなく、技術移転になります[8]。したがって、以下では、技

7）On the Job Training の略称で、現場での仕事を通じて人材育成・能力開発を行うことです。
8）実際には、技術移転を行うための準備として、各種の調査も行います。

- 人口：5141万人（2014年 9 月、ミャンマー入国管理・人口省発表）
- 面積：68万km²（日本の約1.8倍）
- 首都：ネーピードー（左図参照）
- 民族：ビルマ族（約70％）、その他多くの少数民族
- 言語：ミャンマー語
- 宗教：仏教(90％)、キリスト教、イスラム教等
- 政治体制：大統領制、共和制

術移転という仕事の具体的な中身を説明します。

　ご紹介するのは、2004年12月に始まり、3年間実施されたプロジェクト「ミャンマー連邦・児童中心型教育強化プロジェクト」です。

　ここで、プロジェクトの舞台となったミャンマーという国について少し勉強しましょう。ミャンマーは、東南アジアにある、周囲を複数の国に囲まれた仏教国であり、地図とプロフィールを示します。この情報は、外務省のウェブサイトから引用したもので、令和元年11月時点の情報ですが、私がプロジェクトに従事したころと大きくは変わっていません。

　ただ、今と大きく違うところは、プロジェクト当時、まだミャンマーは軍事政権下にあり、国民民主連盟（NLD）を率いていたアウン・サン・スー・チーさんは、自宅軟禁状態にありました。プロジェクト当時は、政治情勢を考慮して、欧米諸国は二国間の援助を停止しており、国際機関以外で本格的な支援を行っているドナー[9]は日本のみでした（2016年 3 月30日、スー・チーさん側近のティン・チョウ氏を大統領とする新政権が発足し、アウン・サン・スー・チーさんは、国家最高顧問、外務大臣および大統領府大臣に就任しました）。

9）国際協力における援助国、援助機関のこと。

　このプロジェクトは、いきなり始まったものではなく、継続的な日本政府の
支援の延長上にありました。

　1997年から1999年にかけて「基礎教育カリキュラム改善」のための個別専門
家が日本からミャンマー教育省に派遣され、さらに、2001年 3 月から2004年 3
月まで、開発調査「基礎教育改善計画調査」が実施されました。この調査の中
で、日本側は、ミャンマー政府に「児童中心型教育（CCA）」の普及を提案
し、実際にそうした考えに基づく、教師用指導書（理科、社会科、総合学習）
の作成などの支援を行いました（私の所属する ICNet 社が参加）。こうした支
援は、ミャンマー政府（教育省）から評価され、ミャンマー政府は児童中心型
教育の全国普及を目指し、日本政府に対する支援を要請したのです。

　この案件を実施することが決まり、JICA は実施する企業を競争入札で公募
し、ICNet 社が応札（応募）して受注に至りました。私は、上記の開発調査に
は参加していませんでしたが、会社から要請があり、プロジェクト・マネジャ
ーとしてこのプロジェクトに参加することになりました。

　プロジェクトの概要は、以下の通りです。

・プロジェクト名：児童中心型教育強化プロジェクト（フェーズ 1 ）
・カウンターパート機関：ミャンマー国教育計画訓練局（DEPT）、基礎教
　育局（DBE）、基礎教育リソース開発センター（BERDC）、教育大学
　（EC）20校
・実施時期：2004年12月〜2007年12月
・プロジェクトの目標
　(1) 上位目標：BERDC と EC の指導の下で、児童中心型学習がプロジェ
　　　クト対象地区の近隣タウンシップ内にある小学校で実践される。
　(2) プロジェクト目標：CCA が対象地区の小学校において実践される。
・プロジェクトの成果
　上記のプロジェクト目標を実現するために必要な成果項目として、以下の
　4 項目が設定されました。
　① BERDC が CCA 普及のための研修・支援組織として機能する。
　② EC（全20校）の教官が CCA についての十分な知識と技能を習得する。
　③教育管理者（教育行政官・校長）が CCA についての十分な知識と技能

Column: CCA とは何か？

ミャンマーは伝統的に暗記復唱型の教育を行っており、例えば、教師があらかじめ板書したものを差し棒で示しながら、児童生徒全体に呼びかけ、全員が声をそろえて"大声で"答えたり、復唱したりするというスタイルが一般的でした。

児童が自由に考えたり、思考したり、想像したりすることは重視されていなかったのです。「教科書を教えること＝教科書を丸暗記すること」が最良の学習方法と考えられ、児童が自由に考えたり創造したりする学習活動は行われにくい環境でありました。民主化の過程で、ミャンマー教育省はこの問題を解消しようとし、これまでの暗記型の教育方法からCCAへの転換を政策目標のひとつとして掲げ、推進しようとしたのです。

CCAとは、児童中心型教育（Child Centered Approach）のことで、教師による子どもへの一方的な強制や詰め込みによる教育を批判し、子どもの個性や発達段階、置かれた環境などを考慮して、子どもの自発的な学びを尊重しようとする教育およびその方法です。

このプロジェクトでは、先生たちが準拠する教師用指導書の内容にできるだけCCA的な性格を導入し、（日本では特別なことではありませんが）例えば、理科であれば、簡単な実験を行うことで、生徒たちに五感を使っていろいろなことを体験し、考えさせようとしたのです。

を習得する。

④小学校教師がCCAについての十分な知識と技能を習得する。

・プロジェクトの活動

上記の個々の成果の実現に向け、計4つの活動群が設定され、実行されました。

① BERDC職員に対する研修プログラムの作成と研修実施、CCA普及のための中長期計画の策定

②EC教官に対する研修プログラムの作成と研修実施、ECカリキュラム案の作成

③CCAの考え方に基づいた新しい評価システムの開発、教育管理者に対する研修プログラムの作成と研修実施

④小学校教員に対する研修プログラムの作成と研修実施

なお、上記の個々の研修後、CCAの実施に向けてのモニタリングを実施する。

要約しますと、「CCAが対象地区の小学校において実践される」という状態（プロジェクト目標）をプロジェクト終了時点で達成するために、そこにつながる具体的な成果を設定し、さらにその成果を実現するためにいろいろな活動を計画し、実施しました。

具体的には、上記の活動の①・②・③・④は、そのまま、成果の①・②・③・④につながります。そして、成果①～④の実現により、最終的に、プロジェクト目標が実現するというシナリオです。

こうした要約だけだと、我々開発コンサルタントが実際にどう毎日を過ごしていたか、いまひとつわかりませんよね。そこで、今度は、微視的にプロジェクト実施中の日々の生活を紹介しましょう。

上にも書いたように、私の仕事は、プロジェクト・マネジャーでした。プロジェクト目標の実現を目指し、プロジェクト全体を統括し、進捗管理を行う役割です。チームスポーツに例えれば、キャプテンのような仕事です。このプロジェクトでは、社外からの参加者を含め、他に5人のメンバー（専門家）がおり、表6-2のような役割を担っていました。このプロジェクトは、教育セクターのプロジェクトでしたが、私自身は教育の専門家ではなかったため、教育分野の知見は、他のメンバーに頼るところが大きく、プロジェクト全体の進捗管理、他ドナーとの交渉やJICAへの連絡、各種トラブルシューティング等に注力しました。なお、表では目立ちませんが、プロジェクトの総務や会計などのいわゆるアドミニストレーションの業務や広報の業務も非常に重要であり、総括の監督の下、一専門家（＝CCA普及・監理（モニタリング））が担当しています。プロジェクトによっては、こうした業務を専門に行う「業務調整専門

表6-2　プロジェクト・メンバーの役割表

プロジェクト・メンバー	所　属	業務内容
プロジェクト・マネジャー（総括）	ICNet	・プロジェクト全体の計画・運営・管理 ・プロジェクト開始時と終了時における相手側との協議およびセミナー開催 ・各段階のレポートの査読、完成 ・プロジェクト・マネジメントに関するBERDCスタッフの能力強化 ・CCAの将来的全国普及のための中長期計画の策定
研修開発（副総括）	ICNet	・総括業務全体の補佐（特にCCAに関する専門的知識を必要とする業務） ・総括不在時のプロジェクト全体の計画・運営・管理 ・実施されたCCA普及にかかる各種研修のレビューおよび改訂 ・CCA普及にかかる各種研修プログラムの開発、一部実施 ・CCA研修にかかるBERDCスタッフの能力強化 ・CCA研修プログラムの見直し
CCA普及・監理（CCA技術指導）	個人コンサルタント	・小学校教員、教育行政官、学校群トレーナー、教育大学教官対象のCCA研修を一部実施 ・ミャンマー側が実施する上記研修を地域性、コミュニティとの協調、少数言語への取り組み、複式教室などに関して技術的な助言を実施 ・ミャンマーの地方の地理的・社会的情報、教育情報の収集
CCA普及・監理（モニタリング）	ICNet	・小学校教員、教育行政官、学校群トレーナー、教育大学教官対象のCCA研修を一部実施（理科分野） ・ミャンマー側が実施する上記研修やモニタリングの技術指導、モニタリング全体の統計的な取りまとめの技術指導 ・プロジェクト全体の会計業務 ・各種連絡調整業務および広報業務 ・マネジメント（総務）面でのBERDCスタッフの能力強化
教育評価	大学教員	・理科、社会科、総合学習において、新教師用指導書に提示された評価ポイントの評価手法に沿った、サンプルテストの開発および具体的な単元ごとの評価例の明示 ・教育評価手法全般のレビュー ・CCAの導入を前提とした、基礎教育分野における新しい評価制度の開発
教育大学カリキュラム	ICNet	・現行の教員養成カリキュラムのレビューと問題点の把握 ・教育原理、教育心理学、教科教育方法のカリキュラム改訂 ・必要に応じてCCAに特化した科目の導入 ・改訂カリキュラムのパイロット運用 ・上記の改訂カリキュラムの発表と理解促進のためのセミナーの開催

家」のポストが独立した形で設けられることもあります。

　アドミニストレーションの業務は、技術移転業務を行う上での基礎インフラのようなもので、いろいろな契約事項の実行や正確な会計業務など、ここがしっかりしていないとプロジェクト活動が円滑に実施できなくなります。また、円滑に動いているプロジェクトは、大概、適格な現地の人材をオフィス・マネジャーとして雇用し、かつ、彼らにもしっかり仕事の仕方を覚えてもらうことで、トラブルや事故も少なく、プロジェクトを運営しています。広報は、JICAのウェブサイトでプロジェクトの実施状況を報告したり、SNSなどを活用して、プロジェクトの活動を広く一般の市民と共有したりすることで、プロジェクトの成功体験を共有できたり、また、フィードバックをもらうことで我々の仕事に励みにもなる重要な機能です。

　相手国が援助を受ける際に、日本側とともに活動する実施機関や実際に活動に参加する先方の人材のことをC/P（カウンターパート）ということは前にも触れました。前者の実施機関のことをC/P機関ともいい、その顔触れは、「ミャンマー国教育計画訓練局（DEPT）、基礎教育局（DBE）、基礎教育リソース開発センター（BERDC）、教育大学（EC）20校」です。後者の「人」を意味するC/Pで、特に日ごろ活動を共にしたのは、プロジェクトが始まる前に設立された基礎教育リソース開発センター（BERDC）の職員の方たちであり、同じオフィスで執務しました。

　勤務体制は、メンバー全員、いわゆるシャトル方式という形で、日本とミャンマーを年に数回往復していました。1回の滞在は2〜3週間で、ホテルに滞在します。月〜金は、毎日、C/P機関が提供してくれたプロジェクト・オフィスに出勤しました。プロジェクト・オフィスは、ヤンゴンという以前の首都にありました。我々の活動の大半は研修活動だったのですが、当初は、プロジェクト・オフィスの置かれていた教育大学の中で実施しました。時々は、他ドナー（ユニセフ）と協議したり、進捗報告にJICAのヤンゴン事務所に伺ったりしました。プロジェクトが進むにつれ、活動の場は、地方へと展開していきました。

　当時のライフスタイルですが、私は、いくらかでも現地に溶け込みたかったので、現地の伝統的衣装＝ロンジ[10]を着て出勤したものです。当時、すでに

ヤンゴンにはおいしい料理を食べられるレストランがたくさんあり、ランチは
みんなで、今日は中華、明日はフランス料理、明後日はタイ料理、翌日はミャ
ンマー料理などと、行きつけのレストランを巡回したものです。土曜日は半ド
ン（午前中のみ出勤）で、日曜日はお休みです。週末は、仕事を少々、喫茶
（ホテルの近くの喫茶店へ行く）、読書、音楽鑑賞などで、比較的のんびりと過
ごせました。

　次ページの写真は、プロジェクト活動の様子です（児童中心型教育強化プロ
ジェクト（フェーズ2）より）。**写真6-3**はプロジェクトの実施する研修で、参
加者の小学校の教員が模擬授業をしながら教え方を学んでいる風景です。**写真
6-4**も研修で、小学校の先生方に見せている模擬授業の風景です。

　では、実際にプロジェクトを実施して、結果はどうだったのでしょうか。
　以下は、実績のまとめです。**活動→成果→プロジェクト目標**の順に見ていき
ましょう。

　プロジェクトの実施においては、事前に綿密な活動計画が練られ、成果やプ
ロジェクト目標に対しては、到達目標を具体的な指標として設定します。これ
は特別なことではなく、例えば、スポーツの世界で、陸上選手が「1年以内に
100mを10秒5以内で走ること」を目指したり、サッカーのワールドカップ
で、日本チームが「ベスト8に入る」といった目標を掲げたりするのと同じこ
とです。また、ビジネスの世界では、「測れることのみが改善できる」という
格言もありますね。それで、ODA事業においても、PCM手法の普及ととも
にこうした目標設定・目標管理が重要視されるようになりました。PCM
（Project Cycle Management）手法とは、開発プロジェクトの計画・実施・評
価という一連のサイクルを、「PDM（プロジェクト・デザイン・マトリック
ス）」と呼ばれるプロジェクト概要表を用いて管理運営する方法です。1994年
に、日本のODA事業の開発プロジェクト・マネジメントの手法として正式に
導入されました。同手法の概要は、本章末の《添付資料》を参照してくださ
い。）

10）腰布で、男女ともに着るもの。腰に巻き付けて結わいているだけなので、結び方がおか
　　しいとずり落ちてしまう。

写真6-3 模擬授業風景

（注）中央にいる子どもたちは、プロジェクトに協力してくれ
ている小学校の生徒さんたちです。周りの見学者は、小学校の
先生方です。

写真6-4 模擬授業風景（人体の五感に関する授業）

（注）上記2点の写真の撮影者は、プロジェクト専門家の
山岡智互氏。

　以下では、事前に設定した計画や指標との対比を行うことで、プロジェクト
の結果を見ていきます。

　まず、「**活動**」は多岐にわたるので、ここでは、プロジェクトを評価した終
了時評価調査団のまとめの見解を引用しますと、おおむね計画通り実施できて

いたように思います。

・プロジェクトの活動は、CCA アセスメントの分野が幾分遅れ気味であったものの、おおむね計画通りに実施されている。
・期待される成果を担保するために、フォローアップ研修、EC 教官に対する補完研修、CCA アセスメント・ガイドブック作成、モニタリング活動など、必要な活動を柔軟に取り入れながら進められている。

次に、「**成果**」について見ていきましょう。前述したように、プロジェクトの成果には4つの項目がありましたが、結果は以下の通りです（情報量が多いため、各成果とも代表的な指標の抜粋とします）。

●成果1：BERDC が CCA 普及のための研修・支援組織として機能する。
【指標1】：BERDC のスタッフ（C/P）の能力が技術や知識の面で向上する（5段階）

分野名	評価点*
1）プロジェクト管理	3.3
2）研修開発	3.6
3）CCA 普及管理(CCA技術指導)	3.3
4）CCA 普及管理(モニタリング)	3.4
5）教育評価	3.2
6）EC カリキュラム	3.9

（注）＊：「Excellent, Good, Fair, Poor, Very Poor」の5段階（5が最高）を共通の尺度とした上で、さらに基本技術ごとに具体的に規定した5段階の評価基準による。5段階評価は、C/Pの自己評価と専門家による評価の二本立てで行われたが、ここでは、専門家による評価結果を引用した。なお、本指標は、中間評価調査団の勧めでプロジェクトの途中で設定したため、評価点に関する当初目標値は設定していない。
（出所）プロジェクト資料、以下同。

●**成果 2**：EC（全20校）の教官が CCA についての十分な知識と技能を習得する。

【指標 1】：研修を受講した EC 教官の80％が、研修終了後に実施される CCA 理解度テストで合格ライン（60点以上／100点満点）に達する。

対象者	CCA 理解度テスト合格者 （60 点以上／100 点満点）
第 2 年次対象 EC教官	94%
第 3 年次対象 EC教官	65%
第 4 年次対象 EC教官	90%

●**成果 3**：教育管理者（教育行政官・校長）が CCA についての十分な知識と技能を習得する。

【指標 1】：24タウンシップの教育管理者（教育行政官）の80％が、研修終了後に実施される CCA 理解度テストで合格ライン（70点以上／100点満点）に達する。

対象者	CCA 理解度テスト合格者 （70 点以上／100 点満点）
第 2 年次対象教育行政官	42%
第 3 年次対象教育行政官	22%
中学校・高校校長	9%
第 4 年次対象教育行政官	63%
小学校校長	66%

●**成果 4**：小学校教師が CCA についての十分な知識と技能を習得する。

【指標 1】：研修を受講した小学校教師の70％が、研修終了後に実施される CCA 理解度テストで合格ライン（60点以上／100点満点）に達する。

対象者	CCA 理解度テスト合格者 （60 点以上／100 点満点）
第 2 年次対象授業実施者	66%
第 3 年次対象授業実施者	73%
第 4 年次対象授業実施者	78%

　全体を見ると、おおむね目標は達成したものの、成果3の目標達成度がやや低かったことがわかります。また、終了時評価調査団による小学校教員に対するインタビュー結果として、以下が報告されています。

・CCAを実施する知識や技術を学んだ。

・問題解決するための共同作業を学んだ。教材作成を共同で実施する。

・より和やかなクラスの雰囲気をつくる方法を学んだ。

・暗記させるのではなく、どのように子どもに教えるかという方法を学んだ。

・子どもは自分の考えを表明し、授業参加することができるのだと気付いた。

　最後に、「プロジェクト目標」の達成度です。

●プロジェクト目標：CCAが対象地区の小学校において実践される。

【指標1】：CCAの授業を受けている子どものパーセンテージ（＝彼らの学校の教師がCCAの研修を受けている）。

	学校数	教師数	児童数
プロジェクト対象	4,183	20,644	636,373
全国	35,850*	174,969	5,034,617
割合(%)	11.7%	11.8%	12.6%

（注）　＊：小学校課程を併設する中学校を含む。
（出所）プロジェクト資料、ミャンマー国統計。

【指標2】：研修を受講した小学校教師が、授業観察によるCCA実施モニタリングにおいて十分なCCA実践能力（4段階中2.5以上）を示す。

対象者	CCA実施モニタリング
第2年次対象授業実施者	2.3*
第3年次対象授業実施者	2.7
第4年次対象授業実施者	評価時未実施

（注）　＊：第2年次対象授業実施者の翌年度のモニタリングでは2.8に向上。
（出所）プロジェクト資料。

　以下に終了時評価調査団の見解を引用すると、

・プロジェクトによるモニタリング結果からは、全体として期待されたレベル
　が達成されている。授業での CCA 実践は導入レベルには到達しており、今
　後さらに目的に応じた活動のあり方や、基礎的授業技術の強化などが望まれ
　る。

・子どもたちの態度変容については、授業中により活動的になり、学習に興味
　を示すようになってきたことが教師により観察されている。保護者からも子
　どもたちが家庭で学校についての話を多くするようになったことや、「どう
　して？」と尋ねることが多くなったと報告されている。

ということであり、プロジェクトは、全体として活動がおおむね計画通りに実
施され、予定したような成果が現れ、プロジェクト目標も達成されたとの評価
になっています。

　終了時評価調査団が行った 5 項目評価の結果を示します。

　（1）**妥当性**：非常に高い

　本プロジェクトはミャンマー教育省の教育開発計画に沿ったものであ
る。また、日本政府は1997年から現在に至るまで初等教育分野に対する支
援を重点的、かつ継続的に実施してきており、その基本姿勢に変更はな
い。

　（2）**有効性**：非常に高い

　プロジェクト目標は、成果の達成に基づき、システムとしてある程度達
成された。プロジェクトの活動としてフォローアップ研修やクラスタ
ー[11]研修などを柔軟に取り入れ、学校現場への CCA 導入システムは一通
り構築されてきたと考えられる。広範な対象をカバーするカスケード・シ
ステムと質を確保するためのクラスター研修システムの組み合わせは有効
なアプローチであった。

　（3）**効率性**：高い

　プロジェクトのコストはモニタリングやフォローアップ活動の追加によ

11）地区の学校群のこと。

り、5％増加したものの、初期の想定内と言える。カスケード・システム
により効率的な研修が実施され、最小限の投入と活動で期待された成果を
達成することができた。

(4) **インパクト**：高い

　国家政策の継続性とCCA普及システムの確立は確認された。プロジェ
クトの上位目標は、CCA実践が既存の教師教育システムに取り込まれる
か、あるいは普及活動を継続していくための十分な予算確保がなされるこ
とによって達成されると考えられる。

(5) **持続性・自立発展性**：中程度

　クラスター研修がECの有無にかかわらず継続的に実施されていること
から、現在のプロジェクトの対象タウンシップでCCA授業が継続される
ことは十分期待できる。

　手前味噌で恐縮ですが、全体としてプロジェクトは成功と評価され、またミ
ャンマー政府の評価も高く、その後の第2フェーズ、さらに次の関連プロジェ
クトへと発展することになりました。

　ここで私なりにプロジェクトを振り返りますと、以下のような意義があった
と思います。

・ミャンマーにおける日本のプレゼンスへの貢献

　プロジェクトが開始された当時は、アウン・サン・スー・チー女史の軟
禁、欧米諸国による経済制裁の強化と、ミャンマーへの援助を取り巻く状
況は非常に厳しいものでした。そのため、対ミャンマー国への援助額は現
在とは比較にならないほど少額であり、その中での貴重な二国間援助の案
件として、地道な努力を続け、成果をもたらしました。

・技術協力プロジェクトでは類を見ない規模の受益者数

　CCAの導入はカスケード型研修により4183の小学校の2万644人の小学
校教員を対象に行われ、その恩恵を受ける児童数は63万6373人に達しまし
た。この対象者数はミャンマー全国の小学校の10％以上にのぼりました。

・ミャンマー国教育セクターへの継続的貢献

　ミャンマー政府は、本プロジェクトの成果を高く評価し、2008年からの本プロジェクトの第2期にあたるフェーズ2の協力を要請し、さらに普及対象地域を増やしました。フェーズ1・フェーズ2（第1期・第2期）を合わせると全国の約30％の小学校教員にCCAを普及したことになります。フェーズ2終了後は、CCA全国普及計画に沿ってミャンマー国が独自にCCAを全国展開するための研修を継続しています。

　こうした人材育成は、本格的な国家の民主化に貢献すると同時にミャンマー国の社会・経済の発展に寄与するものと思います。

・体系的なローカル人材の育成

　プロジェクト事業を通じて、ローカル人材の育成にも力を入れました。カウンターパート機関である基礎教育リソース開発センター（BERDC）に必要とされる能力基準を明確にし、本格的な能力評価を行い、人材育成方針に役立てました。

・明確な指標の設定

　一般的に技術協力プロジェクトの計画表（Project Design Matrix：PDM）においては、プロジェクトの当初の段階で「明確な指標を設定すること」は推奨されるも、実践は極めてまれでした。本プロジェクトの実施に当たって、事前に明確な定量的指標（例：小学校教員の講義スキルの4段階評価）を入れたことは、技術協力プロジェクトの歴史では画期的であったと思います。

　最後に、どうしてプロジェクトが成功することができたのかを私なりに分析すると、以下のようになります。

　要約すると、以下の各成功要因が挙げられます。

1）参加日本側専門家のミャンマーに関する知識・経験とC/P機関職員の勤勉さ：日本側専門家は、6名のうち3名がミャンマーでの業務経験があり、かつ教育分野での知識も豊富なメンバーでした。C/P機関の人たちも、本プロジェクト専任スタッフではないにもかかわらず、勤勉に作業してくれま

した。こうした全員の努力で活動が順調に進みました。

2）ミャンマー側（プロジェクト・ディレクター）の強いオーナーシップ：プロジェクト・ディレクター（高等教育局長）が強いリーダーシップを発揮し、プロジェクトの意向に沿った改善策を次々に打ち出してくれました。

3）個性的なプロジェクトのアプローチ：カスケード・システムにより、広範な受益者をカバーすることが可能になり、かつ、クラスター研修システムにより、研修後も継続的に教員の能力向上が図られることになりました。

4）地道なモニタリングの励行：プロジェクトが全体として、地道に精緻なモニタリングを行い、活動の遅れや成果の弱さを防止しました。

5）JICA ミャンマー事務所との緊密な連携：節目節目で、JICA 事務所と緊密な連携を行い、プロジェクトの活動を円滑に進めることができました。

さらに、重要と思われる3）と4）について詳述すると、以下の通りです。

■個性的なプロジェクトのアプローチ

質・量の両面でプロジェクトが成果を上げた背景には、研修のカスケード・システムとクラスター研修システムのコンビネーションを導入したことが挙げられます。

①カスケード・システム

研修により技術指導を行うプロジェクトでは、より多い数の研修受講者を実現するために、いわゆる「カスケード方式」をとることが多いです。カスケードとは、同じ内容の研修を何段階かに分けて行い、1段階ごとに次の段階の研修講師を養成することで、最終的に多人数に研修を施せるシステムのことで、カスケードとは、英語で「滝」を意味します。

本プロジェクトでもカスケード方式を採用しましたが、研修のカスケードは、図6-3に示すような3段階でした。すなわち、まず日本側専門家の支援の下、C/P が全国の EC を訪れ、教官に研修を施しました。研修を受けた EC 教官が今度は各地域で小学校の教員を集め、研修を行いました。これにより、限られたプロジェクトの予算と人員でも、技術協力プロジェクトでは珍しいほどの面的なカバー率を達成することができたのです。

図6-3　プロジェクトにおける研修のカスケード・システム

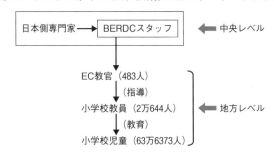

②クラスター研修システム

　①のカスケード方式の採用により、多数の小学校教員に研修を施すことはできました。しかし、一般的に1回の研修で日ごろ慣れ親しんだ業務のやり方を変えることは容易ではなく、それはCCAの普及においても同様です。このため、プロジェクトでは、研修を有効に生かし、かつ教師のスキルを維持・改善するため、研修を受けた教師全員が参加する校内研修やクラスター研修の仕組みを導入しました。これは、日本における学校の先生方の自主的な勉強会からヒントを得たものです。この仕組みでは、教師がCCA地方研修に参加した後、学校とクラスターレベルで集まり、CCAの授業をどのように実施するかを議論します。終了時評価調査団の観察によると、クラスター研修に参加している学校では、まだその活動を始めていない地域と比べて、CCAの実践度が高いことが認められたとのことでした。

■地道なモニタリングの励行

　本プロジェクトでは、マネジメント階層の3つのレベルでのモニタリングを励行しました。具体的には、本プロジェクトでは「発生する問題は、必ず初期段階で傷が浅いうちに解決すること」をモットーに、プロジェクト・マネジャーである私は、問題が発生したらできるだけ私に早く連絡するようにと伝え、各専門家を支えるスタンスを明確にしたコミュニケーションをとりました。

　その結果、プロジェクト期間中は小規模の問題・トラブルは頻発しましたが、「モニタリングシート」を活用した迅速な初期対応により、スケジュール

の変更はあっても行うべきプロジェクト活動は無事に実施でき、かつ必要な変更を行い、予定した成果を実現することができました。

　5章でお示しした「マネジメント階層とモニタリングの関係」の表を再掲します（表6-3）ので、具体的に見てみましょう。今回は、このプロジェクトで実際に取られたアクション（事例1～3）をご紹介します。

[事例1]　自分の担当分野のC/P（複数）の活動状況を観察していた専門家が、C/P間の不和に気づきました。そのまま放置すれば、プロジェクト活動への影響は必至と当専門家が思い、事の重大さに鑑みて、プロジェクト・マネジャーである私に相談してくれました。その後、不和の状況にあった2つのグループの双方に慎重な聞き取りを行った後、それぞれのグループにアドバイスを行いました。また、日本側専門家とC/P全体との会食の機会を持つなどしてメンバー間の融和に努めました。結果的に、C/P間の人間関係は悪化せず、無事、プロジェクト期間中の活動を終了できました（活動日程の変更はなし）。

[事例2]　C/Pとの日常のコミュニケーションから、ある専門家が、当初、プロジェクトが予定していた研修活動が、（先方に事前に伝達しておいたにもかかわらず）ミャンマー政府の行事と日程上、バッティングすることに気づきました。研修日程は差し迫っていたため、すぐに専門家チーム内で協議した結果、ミャンマー政府の行事日程を変更してもらうのは極めて困難と判断し、活動計画を至急に調整し、できるだけ当初計画から遅延することなく研修を実施することにしました（活動日程は変更されました）。

[事例3]　自分の担当分野の進捗状況を観察していた専門家が、以下のような問題を確認しました。「小学部を抱えている中学校・高校の校長のCCA（児童中心型教育）の理解度が低い。また、プロジェクトの対象となったタウンシップの教育行政官のうち、これまでCCA研修に参加していない者はCCA実践をうまく支援することが出来ていない」。

表6-3　マネジメント階層とモニタリングの関係

マネジメント階層	モニタリングの範囲	モニタリングの頻度	モニタリングシートの活用	問題が生じた場合のとられるべきアクション
1．プロジェクト活動を担当する個々の専門家	活動	毎日、毎週	なし（各専門家の裁量でモニタリングを実施）	（活動に遅延・実施上の障害などが見られた段階で） ・各専門家が必要なアクションをとる ・各専門家が簡単に処理できないレベルの問題が生じれば、専門家はプロジェクト・マネジャーに遅滞なく報告する （ 事例1 、 事例2 ）
2．プロジェクト・マネジャー、専門家	活動	毎月	あり（表5-5「モニタリングシートの書式例」のプロジェクトの「活動」レベル）	・上記の報告を受け、専門家、プロジェクト・マネジャーは共同で対応策をとる （ 事例1 、 事例2 ）
	成果	四半期	あり（表5-5「モニタリングシートの書式例」のプロジェクトの「成果」レベル）	（成果の発現に支障をきたす恐れが確認された場合や成果の発現度が低かった場合） ・プロジェクトチーム内で対応策をとる ・問題の程度が深刻・重要である場合、以下のプロジェクト運営委員会に報告する （ 事例3 ）
3．プロジェクト運営委員会（プロジェクトチームと先方実施機関やプロジェクトを監督するJICAの主管部署から構成される）	成果	年に2回	あり（表5-5「モニタリングシートの書式例」のプロジェクトの「成果」レベル）	・プロジェクトからの報告を受け、対応策を協議し決定する （ 事例3 ）

　こうした状態を放置した場合、成果の発現に悪影響を及ぼすことが確実と思われました。そこでプロジェクトチーム内で協議した結果、C/P機関の全面的な協力が不可欠と判断し、以下の2項目をプロジェクト運営委員会で提案しました。

・これまでCCA研修に参加していない、前年度までのプロジェクト対象地域の教育行政官を来年の中央での研修に特別に参加させる。
・小学部を抱えているタウンシップの中学校・高校の校長に対する追加研修を実施する。

　この提案に対し、ミャンマー側は、提案を実行するための正式な通達（業務命令）を出すことを決定してくれました（結果的にプロジェクトの活動内容が変更された）。これにより、関係者の能力強化を図ることができました。

　こうしたモニタリングの励行で注意しなくてはいけないのは、お互いに問題があったら早め早めに提起する、そしてみんなで協力してそれを解決するという、プロジェクト内の雰囲気、大げさに言えば、文化の形成です。モニタリングを人のあら探しや厳しい忠告の機会にしてしまったのでは、お互いに問題は隠そう、報告は先送りしよう、という心理が働き、最初はボヤだったものが大火事にまで拡大しかねません。大火事になってから、対応しようとしてもすでに手遅れで、膨大なコストや時間がかかります。

《添付資料》PCM 手法の概要

（以下は、JICA『事業マネジメントハンドブック』「参考資料 3　PCM 手法の考え方」（p.146）からの抜粋）

3-1　PCM 手法の導入

　PCM 手法は、プロジェクトを計画し、実施をモニターし、成果を評価するためのツールです。PCM 手法の構成は、この目的に対応して、プロジェクトの「計画立案」段階と「モニタリング・評価」段階のふたつからなっています。そして、さらにそれぞれの段階が、問題系図、目的系図、PDM、モニタリング・システムなどといった小さなツールから構成されています。個々のツールはそれぞれに別個の起源を持つものであり、必ずしも PCM 手法のオリジナル・ツールというわけではありません。PCM は、全体でひとつのツールというよりも、さまざまなツールの体系的な集合体と理解した方が実態に即しているでしょう。

　また、PCM の計画立案段階は、「参加型計画手法」と呼ばれ、プロジェク

図 A3-1　PCM 手法の全体構成

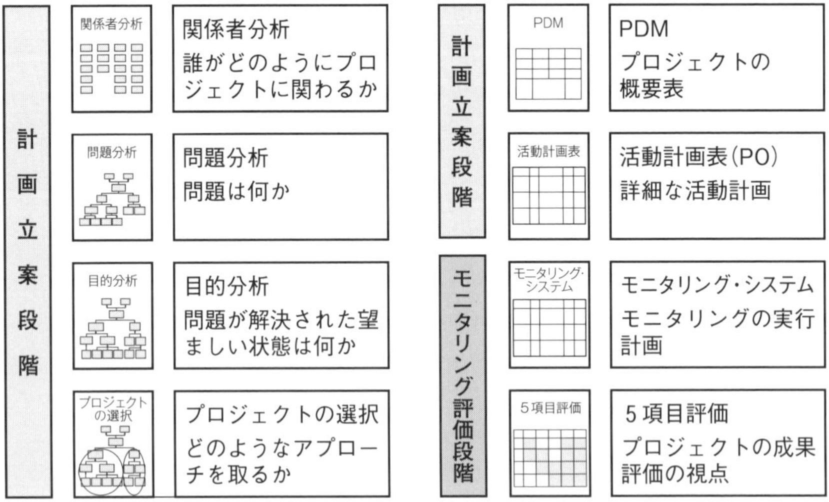

ト関係者が集まったワークショップの場で、参加型で実行されることを前提としています。

　JICA では、1994年に、プロジェクト運営管理手法として PCM の導入が決定されました。その決裁文書のなかでは、現地でワークショップを開催し、相手国側と合意を形成しながらプロジェクトを計画する（PDM を作成する）ことが奨励されています。しかし一方で、ワークショップを行わずに、先方の同意を得て PDM を作成するケース、あるいはワークショップを行なわず、JICA 側が独自に PDM を作成した後、相手側の承認を得るケースも容認されています。

　現在（2007年度）の運用の実態もそのようになっています。

　1．総投入予定額 1 億円以上のプロジェクトでは PDM を作成する。

　2．PCM 計画立案のプロセスに従って PDM を作成することが推奨されてはいるが、求められているのは PDM であり、作成手法は必ずしも PCM でなくても構わない。

　3．参加型の現地ワークショップの実施は、推奨されているが、必須ではない。

開発コンサルタントに必要な
資質とキャリア形成

第3部では、本書を2部まで読んで、開発コンサ
ルタントという仕事に興味を持った方々に、開発
コンサルタントになるためにはどうしたらよいか
を解説しました。具体的には、まず、開発コンサ
ルタントに必要な資質（能力やスキル）を明らか
にし、さらに、大学時代から社会人生活にかけ
て、どのようにキャリアを形作っていけばいいか
を指南します。

第7章

開発コンサルタントに必要な
能力・スキル

　開発コンサルタントの仕事を行う上で、私が必要と思う能力・スキルについて、本章でまとめておきます。まず、1年のうち長い期間を海外、特に開発途上国で過ごす開発コンサルタントになるには、決して頑健とまでは言いませんが、先進国のような生活スタイルでなくとも元気に活動できる体力や環境への適応力があることが大前提になります。例えば、「オフィスが急に停電になる、ホテルでシャワーを浴びていたら急に水が止まった、地方に行くフライトが数時間遅延した」などということもまれではありませんから、そんなことをいちいち気にしないような、ある種「鈍感力」が必要ですね。もっとも海外では、安全にも気を付けないといけませんから、周囲への注意力も同時に必要なのですが。

　これまで開発コンサルタントの仕事には、調査業務と技術移転の2種類があるとお話ししてきましたので、以下でもその2種類に分けて説明します。

■調査業務

　1.　**語学力**：調査の際の聞き取りや関係者とのやりとりのために、基本は英語、仏語圏やスペイン語圏では仏語、スペイン語を使いこなせることが必要です。滞在する国のお国言葉ができれば、なおよしです。

　2.　**分野の専門性**：調査対象の分野（例：農業、保健、運輸、鉱工業、行政等々）の知識が必要です。評価調査の仕事では、評価手法に関する知識が必須です。

　３．**当該国の知識**：調査をスムーズに進める前提となるので、最低限、政治・経済・社会・文化の基本情報は押さえておく必要があり、精通しておくことが望ましいです。

　４．**異文化対応能力**：なんといっても、活動の舞台は相手国ですから、「郷に入りては郷に従え」です。

　５．**コミュニケーション能力**：相手が外国人ということで特別なスキルが必要というわけではありませんが、効果的な意思疎通を図る能力やスキルは必要です。

　６．**調査・分析能力**：限られた時間で、必要な情報を効率的に収集し、それを適切に分析する力が必要です。

　７．**報告書執筆能力**：調査では、報告書が最も大事な成果品ですから、読み手にわかりやすい報告書の作成が必要です。

■技術移転

　上記の調査業務のコンサルタントに必要な能力・スキルとほぼ重なりますが、大きく違うのは、高いレベルの「教える能力」がなければならず、「報告書執筆能力」よりもそちらに重きが置かれることでしょう。

　なお、プロジェクト・マネジャーに関しては、上記のような能力・スキルに加え、以下のような能力が必要になると思います。

　１．**戦略思考**：常に物事を大局的にとらえ、最終目標を実現するために何が重要か、そのためにはどのようなアプローチをとるべきか、ということを考えられることが重要です。

　２．**プロジェクト・マネジメント能力**：プロジェクトの目標の実現に向け、さまざまな観点からプロジェクトをうまく動かしていく力です。

　３．**リーダーシップ**：「プロジェクト・マネジャー」には、最も必要な能力のひとつであろうと思います。端的に言えば、チーム全体を引っ張っていく率先垂範の姿勢であり、かつ、性格や強みの異なるメンバーをまとめ上げる能力です。

　４．**会議を仕切る力**：プロジェクト・マネジャーの仕事の重要なポーションは、さまざまなレベルで行われる会議をうまく回していくことです。

　以上、開発コンサルタントに必要な能力・スキルについて、調査業務と技術移転に分けて列記しましたが、以下では、より詳細に見ていきたいと思います。

　はじめに、「調査業務」に必要な能力・スキルです。

　1．**語学力**：注意が必要なのは、コンサルタント間の受注競争などに備えての「資格要件」という意味での語学試験の得点と仕事で使う語学力のレベルは、必ずしもマッチしないということです。何よりも相手の言うことをきちんと理解し、少々 broken であっても、こちらの言いたいことを伝えられることが大切です。そういった実践的な語学力の養成方法に関しては、第9章の「大学時代そして卒業してからの過ごし方」の中で詳述します。

　2．**分野の専門性**：調査対象のサブジェクトやセクターに関する知識（例：農業、保健、運輸、鉱工業、行政など）ですが、特に相手国政府の職員や専門家とわたり合うわけですから、日本国内でもすでにその分野のプロと認められるレベルに到達していることが必要です。

　評価調査の場合は、評価手法に関する知識が必須です。ただし、評価の対象となる事業のセクターに関する知識までは、必ずしも専門家の水準に達していなくともよいと思います。私自身、いろいろな評価調査を手掛けたため、分野に関しては素人のケースが多く、本で勉強したり、分野の専門家のところに伺って勉強したりしました。

　3．**当該国の知識**：特に調査の対象となる分野に関しては、当該国の固有の事情をできるだけ勉強しておく必要があります。現地での滞在経験があればベストです。

　技術指導の場合も、対象国での滞在経験や業務経験があることが大きな財産・強みになります。

　4．**異文化対応能力**：上で「郷に入りては郷に従え」と書きましたが、基本は、その国に通じている人に会ったり、あるいは、本で勉強したりして、特に

その国でタブーとされている立ち居振る舞いをしないことでしょう。

　日本の文化と相手国の文化の違いを踏まえ、個々の国に適した対応を工夫すべきと奨励するような本や海外赴任者向けのセミナーがあります。そうした本を読んだりセミナーに参加できたりすれば素晴らしいですが、必須ではないように思っています（私は実際にその種の本を読みあさったり、セミナーに参加したりもしました）。人間、基本、「人にされてうれしいことと嫌なこと」は万国共通です。「人にされてうれしいこと」の代表例は、「自分をリスペクトしてもらうことや笑顔で接してもらうこと」です。逆に「嫌なこと」は、「自分のプライドを傷付けられること」です。こうしたことに注意すれば、まず、大きなトラブルを起こす可能性はなく、良好な人間関係を築く基礎になると思います。実際、私は30数カ国で仕事をしましたが、対人関係でトラブルになったことはほとんど記憶にありません。

　５．コミュニケーション能力：これは、相手が外国人であれ、日本人であれ、大切なことでしょう。よくプロジェクトの成否を握るのは、人間関係だと言われます。人によっては、プロジェクトの成功は５割かた、人間関係次第だと言いますし、私もそれに近い意見を持っています。プロジェクトは日々、予期せぬアクシデントとの戦いであり、チーム内のしっかりしたコミュニケーションに支えられた人間関係があってこそ、お互いの弱みをカバーできますし、また、日ごろの仕事を気持ちよく実行できてこそ、生産性が高まります。では、何が高いコミュニケーション能力かということですが、私は、一言でいえば、いかに自分を相手の立場に置けるかという想像力だと思います。そうした想像力があってこそ、細やかな気配りができ、もめごとも最小限で済むのだろうと思います。

　あとは、仕事柄、コンサルタントは、研修で講義をしたり、会議などで報告したりする機会が多いので、「プレゼンテーション能力」にも触れておきます。効果的なプレゼンテーションは、研修の効果を高めたり、関係者のプロジェクトへの誤解や不十分な理解を解消したりするために、非常に重要です。

　６．調査・分析能力：基本的には、ロジカルに考えるということでしょう

か。常に物事の因果関係を考え、筋の通る説明ができるようにする。よく戦略経営コンサルタントが用いる「5つのWhy？」[1]であるとか、MECE[2]を踏まえたロジックツリーが作れることが効果的と思います。あとは、走りながら、着地点を考えるのではなく、最初に仮説を設定し、それを意識して情報収集を行うことが重要であるとよく言われます。

　　7．報告書執筆能力：基本は、まず、日本語の使い方がしっかりしていて、文法的な間違いがないこと、誤字・脱字がないことですね。単語→文節→文の順に正しく書き、積み上げること。それから先は、読み手にわかりやすい、論理的で説得性のある文章を書く力でしょうか。そのためには、報告書の全体構成自体がよく練られている必要があります。

　次に、技術移転の仕事に必要な能力・スキルです。これは、調査業務のコンサルタントに必要な能力・スキルとほぼ重なるが、大きく違うのは、高いレベルの「教える能力」が必要なことであると上で述べましたね。教える方法やスキルには、いろいろな流儀があると思いますが、基本は、「相手にわかりやすく説明できる能力」だと思います。個人的には、第26・27代連合艦隊司令長官、山本五十六の「やってみせ　言って聞かせて　させてみて　誉めてやらねば　人は動かじ」という、ビジネス書などにもよく掲載されている名言が好きですね。自分と相手の力量の違いをよく見定めないといけないですが、相手が初心者の場合は、これぐらいの気持ちで接する姿勢が必要であると私は思います。逆に相手のレベルが高い場合には、彼らの技量をリスペクトし、同じプロフェッショナルとして向き合うべきではないでしょうか。実際に現場で自分のほうが学ばせてもらう機会もあり、一方向の技術移転ではなく、共同作業で効果的なアプローチを作っていくようなケースもままあります。
　最後に、プロジェクト・マネジャーに関しても、必要な能力・スキルに関

1）物事の原因を「なぜそうなのか？」と段階的に何度も掘り下げること。
2）Mutually Exclusive Collectively Exhaustive の略。「お互いに重複せず、全体に漏れがない」という意味で、分析における重要な考え方です。思い付くままに項目を挙げていくと、必要な項目が抜けたり、あるいは部分的に重複した不正確な分析を行う可能性があるので、それを防ぐための工夫です。

し、以下の通り詳述します。

　1．戦略思考：P2M 手法[3]においては、戦略思考は、プロジェクト・マネ
ジャーに必要な素養のひとつとして、「広い視野と多様な角度から状況を正確
にとらえ、分析する力と同時に、現実に立脚し、問題や推論、仮説を生み出
し、かつ、それらを見直していく力が求められる」と規定されています[4]。
　同じく P2M 手法においては、関連した「統合思考」というコンセプトがあ
るので紹介しますと、これは、「プログラムやプロジェクト全体の目的を描き、
達成のためのシナリオを描くことであり、そのためには、全体像をとらえ、複
雑で多様な要素を視覚化し、組み合わせてひとつのものとするデザイン力」で
あるとされています[5]。ODA 事業のプロジェクトの場合、通常は、JICA によ
り業務指示として、プロジェクト全体の目標や目標達成のための活動は示され
ますが、それらを咀嚼して具体的なシナリオを構築することがプロジェクト・
マネジャー（日本側の「チーフアドバイザー」）には求められるので、私は、
上記の「戦略思考」と「統合思考」の 2 つを広義の「戦略思考」ととらえたい
と思います。

　2．プロジェクト・マネジメント能力：プロジェクト・マネジメントを適切
に行うには、いわゆる PMBOK[6]や P2M 手法により、マネジメントの体系的
な知識を知っておくことが重要です。ただ、企業の現場ではよく、「プロジェ

3）P2M とは、(財)エンジニアリング振興協会が経済産業省の委託事業として 3 年間のリサ
　ーチを経て2001年に発行した、『プロジェクト＆プログラムマネジメント標準ガイドブ
　ック』で提唱された日本発のマネジメント手法です。PMBOK の日本版とも言えます
　が、プロジェクトのみならず、プログラムのマネジメントまで包含されていることが大
　きな特徴です。
4）日本プロジェクトマネジメント協会『P2M プログラム＆プロジェクトマネジメント 標
　準ガイドブック』改訂 3 版、日本能率協会マネジメントセンター、2014年、p.673。
5）日本プロジェクトマネジメント協会『P2M プログラム＆プロジェクトマネジメント 標
　準ガイドブック』改訂 3 版、日本能率協会マネジメントセンター、2014年、p.673。
6）PMBOK（Project Management Body of Knowledge）とは、プロジェクト・マネジメン
　トに関するノウハウや手法を体系立ててまとめたものです。1987年にアメリカの非営利
　団体 PMI が『A Guide to the Project Management Body of Knowledge』というガイドブ
　ックとして発表したもので、今ではプロジェクト・マネジメントの事実上の世界標準と
　して各国で使われています。

クト・マネジャーは研修などでは育てられない」と聞きます。そこには、2つの意味があると思っています。ひとつは、プロジェクト・マネジャーは、チームのリーダーであるので、リーダーシップが必要であるが、リーダーシップは生まれつきのものもあり、いっときの研修や勉強ではなかなか身に付くものではない、という意味です。もうひとつは、開発コンサルタントといえども、こうしたリーダーになること自体をそもそも誰もが望んでいるわけではない、好き嫌いのあるポジションであるということです。

　もう1点、プロジェクト・マネジメント能力について補足しておきたいのは、プロジェクトの目標に向けてまい進するだけでなく、メンバーの労務管理やリスク管理の知識や実践力、またコンプライアンスに関する意識といった項目です。これらは、近年の「働き方改革」の推進の動きや世界規模でのテロや伝染病の発生、さらには世界的なガバナンスの重視といった背景を受けてより重要度を増している分野です。

　3．リーダーシップ：「チーム全体を引っ張っていく率先垂範の姿勢であり、かつ、性格や強みの異なるメンバーをまとめ上げる能力」と上述しました。前者の率先垂範とは、目標の実現に向かって、仕事の進捗を図る上で、マラソンのペースメーカーのような役割を果たすことを意味しています。後者は、プロジェクトは常にチームで実施されますから、特定の人間に肩入れすることは避け、メンバー間のもめ事にも落ち着いて介入し、チームワークを醸成する能力です。

　4．会議を仕切る力：議事を機械的に進行すればよいのではなく、会議の最中の質疑応答能力も含めた議論をまとめる能力です。プロジェクト・マネジャーは、内輪で行う小さなインフォーマルな会議も、日本政府や相手国政府の高官も交えた極めて公式の大会議も仕切らなければなりませんので、こうした力は必要不可欠です。

第8章

開発コンサルタントになるための資格要件とキャリア形成法

キャリア形成を考える上で重要な第一歩は、将来の自分がこうありたいという姿を明確にすることです。普通は、今の自分の特徴や強味、嗜好の延長上で、どんな仕事に就くかを考えることが多いでしょう。しかし、そのアプローチは自然体ではあっても、今の自分のありように大きく左右されてしまい、進路が限定されてしまう可能性があります。そういう意味では、私は、初めに「30歳時点の自分の履歴書作り」を行うことをお勧めします。

これは、開発コンサルタントに限られた話ではありませんが、世の中の9割の仕事は、履歴書で選考が始まります。よって、開発コンサルタントになるには、まずは、各企業の書類選考を突破するために、しかるべき時点までにしかるべき履歴書を完成しないとなりません。

よって、仮にあなたが20歳であるとして、今の時点はさておき、「今から10年後の履歴書」をこしらえるのです（通常、開発コンサルタント企業は、新卒採用を行わない企業が多く、一定の経験を持つ人材を中途採用しますので、こうした慣例を前提とします）。市販の履歴書の書式を手元に置き、まずは、これまでの事実を記載しましょう。次に、これから10年後のあるべき自分を想定して、望ましい資格の取得や学歴・職歴を想像しながら埋めていきます。

「これから10年後のあるべき自分」と急に言われても、一体、どういう自分をこしらえればいいのか、困ってしまいますよね。次に、やるべきことは、以下の事柄です。

1）開発コンサルタントの書いた本や開発コンサルタントに関する記事のネ

ット検索を行い、大体、どういう経歴の人が開発コンサルタントになっている
かを把握します。

　２）つてを頼って開発コンサルティング企業の社員を紹介してもらい（会社
の代表番号から申し込んでもいいです）、簡単なキャリアガイダンスを行って
もらう。「私は、○○○○ですが、どうすれば、開発コンサルタントになれま
すか？　今後、何を身に付けなくてはいけませんか」と質問攻めにしましょ
う。できれば、２人以上に会いましょう。

　３）上記の１と２を参考に、「これから10年後のあるべき自分」の履歴書作
りを始めます。

　４）次に、履歴書を読む面接官・選考者がどういう点を重視しているかを以
下に列記しますので、履歴書作りの参考にしてください。

　ポイント１　履歴書を一読して、できるだけ、「この人は○○の専門家だ」
というイメージを持ってもらえるようなキャリア形成を行う。どんな立派な資
格・職歴でも、全く異なる分野のものを列記すると、「この人はどういう人な
の？　この人は何をやりたいの？」と思われ、必ずしも高評価にはつながりま
せん。一本、筋の通った経歴が望まれます。

　ポイント２　学歴の面では、できれば、修士号まではあったほうがよいで
す。もっとも職務経歴がしっかりしていて、しかるべき資格を持っていれば、
学士号だけでもカバーはできます。学歴と職歴は関連深いほどよいです。

　ポイント３　語学力も重要です。英語力はマストです。上述の通り、最近
は、コンサルタント間の受注競争が激しいので、TOEIC[1]で900点は欲しいで
す。さらに、語学力は、若手がシニアに伍していける数少ないポイントなの
で、入社後さらに、950点くらいまでは持っていきたいところです。

1）英語によるコミュニケーション能力を評価する世界共通の筆記試験。Test of English for
　International Communication の略。日本における実施・運営は、一般財団法人国際ビジ
　ネスコミュニケーション協会 TOEIC 運営委員会が行っています。990点が満点です。

| ポイント4 | 資格もやはり、学歴・職歴と関連があればあるほどよいです。 |

| ポイント5 | 海外経験。できれば、途上国経験です。海外旅行の経験ではな

く、外国人とのコミュニケーション能力、異文化対応能力の証しとなるよう
な、海外滞在・留学経験ですね。ただし、採用時点で求められるのは、プロフ
ェッショナル（の卵）なので、このポイントは、マストとは言いません。まず
は、ポイントの1〜4を満たすことです。

| ポイント6 | 志望動機。もちろん、開発コンサルタントに対する強い関心や

思いが必要です。ただ、これは、紙の上ではいかようにも書けるので、面接の
際にどれだけ"本音で"アピールできるかが重要でしょう。さらに言えば、
「開発コンサルタントに対する強い関心や思い」がなければ、入社してからが
きついので、履歴書を書いているときに、あるいは、面接を受けている最中
に、「これは自分の本心ではないな」と思ったら、開発コンサルタントになろ
うとするのは、やめたほうがいいかもしれません。

＊　　　　　　　＊　　　　　　　＊

さあて、「今から10年後の履歴書」ができましたか？

遠い道のりに感じられるかもしれませんが、あとは、履歴書の内容の実現に
向けて毎日コツコツと努力するのみです。2年ごとくらいに進捗状況を見直し
たらいいと思います。その際に注意していただきたいのは、当初設定した目標
やルートから外れることを恐れない、ということです。

進路形成に関しては、大きく2つのアプローチがあります。ひとつは、早い
段階で大きな目標を掲げ、それに向かってまい進するものです。著名人のケー
スでは、錦織圭選手（テニス）、本田圭佑選手（サッカー）、大谷翔平選手（野
球）など、枚挙にいとまがありません。彼らは、幼少のころから、「僕は、○
○の世界で日本一になる、世界一になる」というような目標を掲げていたそう
です。「目標まい進型」とでも名付けましょう。

もうひとつのアプローチは、あまり確たる目標は設定しないで、自分が居心

地が良かったり、面白いと思われる方向に進んでいくアプローチです。「臨機応変型」とでも呼びましょう。このアプローチについては、1999年にアメリカのキャリア・カウンセリング学会誌で、スタンフォード大学のクランボルツ教授らの「プランド・ハップンスタンス（計画された偶発性）理論」が発表されました。これは、キャリアは偶然の出来事、予期せぬ出来事に対し、最善を尽くし対応することを積み重ねることで形成されるという理論であり、数百人に及ぶ成功したビジネスパースンのキャリアを分析したところ、何とそのうち8割は、今あるキャリアは予期せぬ偶然によるものだと答えたということです。

　自己啓発本の世界では、「目標まい進型」のような主張が圧倒的に多いですが、私は、この「臨機応変型」アプローチも柔軟性があり、とても良いと思います。

　本書を手にしたみなさんは、すでに開発コンサルタントという仕事を意識してキャリア形成をしようとしているので、いわば「目標まい進型」ではありますが、大局的な方向はぶれずに、かつ、できるだけ柔軟にキャリアを形成されたらと思います。何といっても、自分が何に向いているか、どういう状況で生き生きとしていられるかは、やってみないことにはわからないのですから。

　私のケースでは、開発コンサルタントを明確に意識しはじめたとき、知人の勧めで、（計画経済から市場経済へ移行しつつある国々のための）経営マネジメントの分野でプロフェッショナルになろうと思いました。しかしながら、当時、そうした分野での仕事はなく、2〜3年の間にまだ導入されて間もなかった新しいプロジェクト・マネジメント手法（6章で紹介したPCM手法）を学び、その方面で仕事ができるようになったのです。

　未来の履歴書に書く職歴について、もっと具体的に教えてほしい、という声もありそうですから、さらに、具体的にキャリアパスの形成法を説明しましょう。

　基本的に、4年制大学を卒業し、30代前半までに開発コンサルタントになることを目安とします。とすると、この約10年間にどうするかということですが、上記の「今から10年後の履歴書」の作り方で述べたように、

　　・修士号を取得する

　　・海外に在住する

・資格を身に付ける

・専門性につながる勤務経験を持つ

の4つを実践するのがいいでしょう。10年という期間は使いでがあるので、上記の4つくらいは何とか実践可能です。留学すれば、「修士号を取得する」「海外に在住する」は兼ねてしまうことができますし、例えば、JOCV（Japan Overseas Cooperation Volunteers：青年海外協力隊員）[2]になれば、「海外に在住する」「若干の勤務経験を持つ」を兼ねることができます。他にも役に立つ海外業務経験を挙げると、「国連ボランティア」[3]「国連インターンシップ」[4]「JICA ジュニア専門員」[5]などがあります。ちなみに、本来、国際公務員を目指す人のキャリアパスですが、私の場合は、JPO（Junior Professional Officer）[6]という制度で国連機関に務めたことがよい経験になりました。業務経験は、既述の通り、できるだけ、将来、極めたいと考える分野で積むことが理想です。

2）ODA（政府開発援助）の一環として、独立行政法人国際協力機構（JICA）が実施するボランティア。

3）詳細に関しては、「https://unv.or.jp/volunteer/qualification/」を参照してください。

4）個々の機関ごとに募集されますが、サンプルとして、「https://www.unic.or.jp/working_at_un/internship/」などがあります。

5）詳細に関しては、「https://www.jica.go.jp/recruit/jrsenmonin/index.html」を参照してください。

6）将来的に国際機関で勤務することを志望する若手日本人を対象に、国際機関の正規職員となるために必要な知識・経験を積む機会として、一定期間（原則2年間）、国際機関で職員として勤務する経費を外務省が負担する制度。外務省国際機関人事センターによると、800名近くいる日本人職員のうち4割以上がJPO出身とのことで、国連正規職員はJPO出身者が多いことから、国連職員になる登竜門と言われています。

図8-1　開発コンサルタントになるためのキャリアパスの2類型

（年齢）├─────────────────────────────────────→

22歳くらい　　　　　　　　　　　　　　　　　30歳くらい

【国内中心型キャリアパス】

大学での勉強　→　この約10年間にやっておくこと　将来の専門分野に通ずる業務経験10年（その間に関連する資格もしくは修士号の取得＋語学の勉強）　→　開発コンサルタントになる

【国内＋海外型キャリアパス】

大学での勉強　→　この約10年間にやっておくこと　将来の専門分野に通ずる業務経験：国内で5年、大学院修士課程留学：2年、海外での業務経験：3年　→　開発コンサルタントになる

　開発コンサルタントになるには、さまざまなキャリアパスがありますが、図8-1では、私の知っているコンサルタントの方たちの経歴を思い起こして、類型化を試みました。ぜひ、参考にしてみてください。

1．国内中心型キャリアパス

　基本、国内で経歴を積み重ねるもの。できれば、海外経験を持つことが望ましいですが、コンサルタントは何らかの分野でプロにならねばならず、中途半端に海外で経験を積むのも得策ではないので、あえて1類型として設定しました（もちろん、モデルとなったケースはあります）。

2．国内＋海外型キャリアパス

　現役のコンサルタントがたどっている一般的なキャリアパスです。

第9章

大学時代そして卒業してからの過ごし方

　最後に、第7章「開発コンサルタントに必要な能力・スキル」と第8章「開発コンサルタントになるための資格要件とキャリア形成法」の内容をふまえ、1）開発コンサルタントに必要な能力・スキルを身に付けたり、2）開発コンサルタントに必要な資格要件を身に付けキャリアを形成する方法を、以下にまとめました。

　初めに、開発コンサルタントに必要な能力・スキルをどう身に付けたらよいかを、調査系コンサルタント、技術移転系コンサルタント、プロジェクト・マネジャーの3つのカテゴリー別に、「大学時代をどう過ごせばよいか」、「卒業後はどうしたらよいか」の2つの視点でまとめました（表9-1）。

　次に、開発コンサルタントに必要な資格要件を身に付けキャリアを形成する方法を、やはり「大学時代をどう過ごせばよいか」、「卒業後はどうしたらよいか」の2つの視点でまとめました（表9-2）。

表9-1　開発コンサルタントに求められる能力・スキル

調査系コンサルタントの場合		
項　目	大学時代にやっておきたいこと	大学卒業後、30歳までにやっておきたいこと
語学力	大学生になった時点で、基礎的な英語の文法はマスターし、語彙もかなりあると思いますので、できるだけヒアリングやスピーキングの力をつけることを勧めます。手っ取り早いのは、一時、大学を休学して留学することですが、留学しなくても英語力をつける方法は山ほどあります。実践的な方法としては、例えば、大学の英語会のようなサークルに入ることを勧めます。私自身、大学時代に豪州に1年間留学しましたが、特にスピーキングの力がついたのは、その留学時代よりも、大学で所属していた英語会でディベートの活動に参加したことだと思っています。	引き続き、勉強を続けましょう。なお、TOEICで高得点を取ることと英語力をつけることは同義ではないので、試験勉強だけを英語の勉強とは思わないでください。
分野の専門性	現在あなたが所属する学部学科の専門性の延長に将来の専門分野があるのであれば、大学での勉強に大いに励んでください。	表9-2の内容と多少重複しますが、将来の自分の専門分野に関連した資格を取ったり、企業・職場に勤めたりすることがお勧めです。
当該国の知識・経験	特段必要はありません。	業務などを通じ、「好きな国」「興味を持った国」を「得意な国・地域」にしていくのが理想です。ただ、現実はそううまくはいきません。コンサルタント業界では、たまたま○○国に行く機会が多く、○○国の専門家になった、というようなケースはいくらでもあります。
異文化対応能力	機会があれば（趣味、学業、地域コミュニティ、勤務先などで）、外国人の方とコミュニケーションをはかるのがよいと思いますが、できる範囲でよいと思います。	
		会社でいろいろな人と付き合うことが大切です。自分とタイプの異

コミュニケーション能力	できるだけいろいろな人と触れ合う生活（例：サークル活動）を送ることを勧めます。	なる人と仕事をすることこそ、コミュニケーション能力を磨くよい機会になります。 プレゼンテーションに関しては、とにかく、場数を踏むことが重要です。あとは他人のプレゼンを観察することも非常に有用です。例えば、国際開発学会*に所属して学会の大会に出席しますと、1、2日間で10件くらいのプレゼンテーションを一気に見ることができます。ここは、プレゼンテーションの宝庫です。
調査・分析能力	大学のゼミなどで、本格的なレポートや論文を書いてみることを勧めます。	できれば、研究職的なポストに就いて、論文を書いてみることを勧めます。
報告書執筆能力	これは、一部の天才的な人を除けば、書いた量だけ能力が伸びる（＝数をこなさなければ伸びない）分野なので、できれば、学生時代から、試験以外でも、ものを書く経験を積むことが理想です。	左に同じで、若いうちから、文章を書く訓練をするのが役に立ちます。人は誰しも文章の書き方にかなり癖があり、しかも、自分ではそれに気づきにくいようです。できるだけ多くの人に読んでもらい、その批評を素直に受け入れたらよいと思います。
技術移転系コンサルタントの場合（上記に加えて）		
教える能力	家庭教師のアルバイトなどをできるのならば、それはいい経験になります。	会社に入ったら、素敵な先輩を見つけ、その指導方法を盗んでください。
プロジェクト・マネジャーの場合		
戦略思考	まずは、頭（知識）から入りましょう。最近は、書店でもアマゾンでも「戦略思考」とか「ロジカルシンキング」といったタイトルの本がたくさんありますから、いろいろ手に取ってみられたらと思います。	若いうちは、上司に命じられたことを正確にこなすことで精いっぱいだろうと思います。それでよいのですが、もし少し余裕が出てきたら、自分の仕事は所属部署の何のためになっているのか、所属部署は会社全体にどう貢献しているのかと時々、思いをめぐらせてみてください。そのような習慣から、日ごろの仕事を見つめ直し、自分から改善提案をできるようになれば、素晴らしいです。

プロジェクト・マネジメント能力	こちらも、まずは、頭(知識)から入りましょう。以下の資格要件のところでも述べますが、プロジェクト・マネジメントに関する本を読んだり、資格(例えば、すでにご紹介したP2M手法など)に挑戦したりするのがよいと思います。	左記の事柄を継続するのに加え、会社でプロジェクトに入る機会があれば、積極的に飛び込んでください。そこで自分の役割にだけ没頭せず、プロジェクト・マネジャーの立ち居振る舞いを研究してください。
リーダーシップ	ここは、リーダーシップ・会議を仕切る力に共通する事柄を勧めます。すなわち、サークル活動などでできるだけ、リーダー的な役割に就いて、いろいろな人の取りまとめ役になってください。また、議論をしてみてください。私自身の体験から言いますと、(小中学校ですが)生徒会活動、英語サークルでディベートを行うことなどは、今から振り返ると大変良い経験になりました。	いろいろな局面で、必ずチームで仕事をすることがあると思います。そうした状況で、たとえ「長」という名の付くポストにいなくても、チーム全体のことを考え、困っている人はいないか、もしいれば、自分が何か支援できないかという意識を持つことが、第一歩であると思います。
会議を仕切る力		とにかく、できるだけいろいろな会議に出て参加者のひとりではなく、会議の司会進行役の経験を積むのがよいです。会社で会議に出る機会があれば、司会進行役の人をよく観察してください。そして、あそこの仕切り方は素晴らしいとか、自分ならば、ここはこう改善したい、とメモを付けておくとよいでしょう。私自身の体験では、経営コンサルティング会社に勤務していたとき、30歳前後でしたが、クライアントである上場企業の取締役が集う会議の進行役をさせられたときは、大変な緊張感でしたが、よい経験になりました(日ごろいろいろな会議に出ますが、外国人がたくさん出席する会議で、日本人が会議を仕切っているのを目にする機会はまだまだ少ないです。もっとどんどん前に出てほしいですね)。

(注)　＊：以下は、同学会のウェブサイトより。「国際開発学会は、法学、政治学、経済学、経営学、社会学、教育学、文化人類学、工学、農学、医学等、従来各学問分野で発展してきた開発問題に関する知識、経験体系を集約し『国際開発学会』という横断的な学術的研究組織として活動を展開しています。また、この学会活動を通じて開発研究および開発協力に従事する人材の養成に貢献することを目的としています」。

表9-2　開発コンサルタントになるための資格要件とキャリア形成法

項　目	大学時代にやっておきたいこと	大学卒業後、30歳までにやっておきたいこと
経　歴	特になし	既述のように、できるだけ、この人は何をする人かがわかるように、一本筋の入った職歴をつくることが重要です。華麗な転職歴は必要ありません。安易に転職を繰り返すと実力がつかないとも思います。例えば、財務の専門家を目指すのであれば、経理・財務の部署に勤めるとか、銀行に勤務するというのがオーソドックスな方法です。 自分の得意分野を生かして、青年海外協力隊員になるのもいいでしょう。
学　歴	大学で一定の成績は収めておきたいですが、私が採用面接を行っていたときは、中途採用が主だったためか、応募者の成績を確認したことはありません。ただ、将来、留学・進学を考えている人は話が違います。ガリ勉で成績を上げておくべきでしょう。欧米の留学用試験（TOEFL、GRE、GMATなど）を力試しに受けてみるとよいです。	できる限り、将来の専門家像につながる形での学歴を形成するのがよいです。 上と同じ例で言うならば、財務の専門家になるために、MBA（経営学修士号）を取ることなど。
語学力	社会人になってからは、忙しくなるので、できるだけ英語力を高めておくことを勧めます。できれば、大学時代にTOEICで900点は到達しておきたいところです。	TOEICであれば、950点以上を取ること。また、余裕があれば、フランス語やスペイン語の習得も将来、業務を行う国の公用語がそうであれば、非常にプラスになります。
資　格	学生時代に無理に資格を取る必要はありませんが、比較的取りやすい資格で、将来役に立つものはあります。開発コンサルタントの場合、PCM手法など。	取るべき資格は、どのような専門家になるかで千差万別です。上と同じ例で、財務の専門家になるのであれば、中小企業診断士の資格を取るのもよいと思います。
		青年海外協力隊員になると、職務経験と海外経験の両方を積むこと

海外経験 **(途上国経験)**	まずは、海外旅行で、外国人とのやりとりを楽しんだり、飛行機の乗り方を覚えるのがいいでしょう。	ができます。上で紹介したように、他にも2つの要素を兼ねられるポストがありますので、そうした機会を活用し、若いうちから途上国で仕事をする経験を積んでおくのがお勧めです。

　みなさんにやってほしいことをいろいろ書きました。「いやーー、こんなにやることあるの？　大変だ！　もう、やーめたっ」って言う人もいそうですね。

　でも、心配はいりません。

　私が大学生のときに、このような本はありませんでした。それでも試行錯誤を繰り返し、だいぶ回り道もしましたが、今、国際協力に携われています。この第9章は、今どきのマニュアル志向が強いと言われている学生さん向けに、おじさんがこれまでの経験や失敗談をじっくり振り返って、いわば、理想を書いたにすぎません。もし、国際協力や開発コンサルタントに強い興味があり、努力を重ねていれば、必ず道は開けます。私が勤める会社で何人もの後輩諸君の採用に関わり、彼らの仕事ぶり・成長ぶりもつぶさに見てきましたが、10人いれば10人、100人いれば100人違ったキャリアパスがあります。特定のモデルケースに固執する必要はまったくないと思います。

第10章

開発コンサルタントの魅力

　第1章から第9章までで、日本の国際協力の実態や開発コンサルタントの仕事、さらにどのようにすれば開発コンサルタントになれるかについて説明しました。本章では、これまでまだ十分にご紹介していなかった開発コンサルタントという仕事の日常や魅力についてお話ししたいと思います。

　前章までは、開発コンサルタントが仕事をしている際の状況を、主に海外で勤務しているときを中心にお話ししました。ただ、開発コンサルタントは、年がら年中、海外にいるわけではありません。勤務先の体制や個人のライフスタイル、さらには自分・会社が応募する案件の受失注の結果により、かなりの振れ幅がありますが、海外に出る期間は正味、多い人で半年、少ない人で3カ月くらいでしょうか。1回の海外渡航の期間も2週間程度の短いものから、2カ月程度まであります（長期滞在を基本とする専門家契約の場合を除きます）。

　1年のうち、上記のような海外渡航期間以外は、会社や在宅での国内勤務となります。大体のパターンは、新たな案件に応募する準備や各種勉強の期間、海外渡航が決まれば、その準備、海外渡航から帰国すると、報告書の作成や活動のフォロー[1]、あるいは、次回渡航の準備を行います。

　次に、開発コンサルタントのやりがいについてお話ししましょう。これは、コンサルタント、人それぞれと思いますが、最大公約数的にまとめると、貧しい人々の生活を改善したり、何らかの困難を抱えている人々の問題を解決、あ

1）現地の方たちだけで活動が続いていくように、国際電話や電子メール、あるいはスカイプなどにより、活動の進捗状況をモニターしたり、アドバイスをしたりすること。

るいは緩和したりすることに貢献できる喜びだと思います。まず、若い時代に実体験したことや見聞したり学習したりした事柄に基づいて、そうした志を醸成し、一定の経験や実績を積んだ後、コンサルタントとして独立したり、コンサルティング企業に就職したりするケースが多いと思います。やりがいは、上記のような志を持って行った業務が、現地の人々の役に立ったことを実感できたときに感じることができます。昨今は、どのような活動も必ず事前に明確な目標設定がなされるので、そうした目標の達成度合いを自分で確認することもできますし、より直接的に、活動の対象となっている相手国の人々からいろいろな形で謝意をいただくこともそうした実感の瞬間です。こうした瞬間があると、それまでの苦労や頑張りが報われ、本当に感無量といった気持ちになります。ただそうした瞬間は、何カ月・何年にもわたるひたすら地道な作業の結果、訪れるものと思っています。

　もちろん、日々の仕事を通じ、反省する局面も少なくありません。調査結果や報告書は、かなりの部分、一般にも公開されるため、クライアントである日本政府やJICAの方々も内容を厳しくチェックされますから、事実誤認や間違いは当然のこと、分析が不正確であったり不十分であったりすると、率直なフィードバックを頂戴し、成果品の練り直しも必要になります。また、主に現地で展開するプロジェクト活動においても、行っている活動が現地のニーズに合っていなかったり、効果が出なかったりすると、関係者から「不満足である」というフィードバックを受けることになります。

　もう1点、上記のようなやりがい以外の開発コンサルタントという職業の魅力は、何といっても、仕事で世界中に行けることや海外の人々と触れ合えるということです。私自身、開発コンサルタントになっていなかったら、海外30カ国以上も訪問することはなく、これほど多くの異なる民族の方々と交流することはなかったと思います。仕事を通じて生涯の思い出となるような経験をすることができましたし、今でも海外の友人たちとは時々、旧交を温めています。

　私自身を振り返りますと、学生時代に読んだ小田実さんの『何でも見てやろう』[2]という本をきっかけに、海外への素朴な興味が湧いたことが、今の自分

2）講談社、1979年刊。フルブライト留学生で26歳であった著者が、欧米・アジア22カ国を貧乏旅行した旅行記で、ベストセラーとなっています。

の仕事につながっており、特に海外の文化や社会に関心が高い方にとっては、趣味と実益を兼ねられる興味深い仕事と言えます。もちろん、仕事として海外に行くのと、自費で旅行者としての身分で海外に行くのとでは、責任も気分も全く異なりますが。

　さらにもう1点挙げるとすれば、これは、経営コンサルタントなどにも当てはまることですが、開発コンサルタントの面白みは、常に新鮮なテーマを仕事で追求できるということです。通常、ひとつのコンサルティング業務は、長いもので数年（技術協力プロジェクトなど）、短いもので数カ月（主に調査系）という単位の仕事です。ひとつのコンサルティング業務が終わり、次の仕事が始まる場合、往々にして担当する国・地域が変わることに加え、その時々で必要とされる旬の課題の解決に取り組みますから、一般企業で言えば、恒常的に配置転換されているようなもので、常に新しいテーマに取り組むことになります。ルーティンジョブ[3]でない分、勉強の連続であり、忙しい反面、退屈や飽きを感じる暇はありません。

　最後に、仕事の難しさについても正直にお話ししておきましょう。仕事の難しさは、開発コンサルタントの仕事の上で「関係者が多岐にわたること」、「主な活動の場が海外であること」に直結しています。関係者が多岐にわたると、活動の方向のベクトル合わせが難しく、大変な時間や労力を割く必要があります。顧客（通常、コンサルタントを雇用する政府機関）と受益者の意見・要望が異なるケースがありますし、同じ機関の別の部署の方々から異なる指示や要請を受け、板挟みになることもまれではありません。「主な活動の場が海外であること」は、すでに書きましたように、保健・衛生状態や治安状況の厳しさがあり、日本国内にいるときの何倍もの注意や配慮が必要になります。

　また、諸外国では、各種インフラも日本のように整っていないので、停電などもあり、大雨の後の洪水や道路の冠水なども仕事の障害になります。また、日本人ほど時間に正確な民族はいないので、開発途上国では、時間のルーズさに辟易することもあります。あとは、東へ西へと海外を飛び回り、時差にお構いなしに連絡を取り合う必要もあるので、体力勝負でもあるし、時差ぼけにも

3）定型的な仕事のこと。

対処しないとなりません。さらに、家を留守にしがちであるため、家族が特に業界関係者でないときは、家族にも十分配慮しないと私生活に支障をきたす恐れも全くなしではありません（よくコンサルタント間で冗談交じりに「家庭内平和構築が重要」と言われたりします）。

　こうしたもろもろの困難に直面しながらも、仕事が好きで、仕事に没頭している開発コンサルタントがたくさんいるのも事実です。時々いただける謝辞や、目に見える効果が発現したときの充実感は、何ものにも代えられないのだと思います。

おわりに ────────────────────────────── ●

　おわりに当たって、私の開発コンサルタントについての職業観を少し述べたいと思います。

　私は、開発コンサルタントは、後述するようにやりがいがあるが、責任の重い仕事であると考えています。何といっても、国民の税金が我々の給与や活動資金の原資です。したがって、私たちコンサルタントは公務員ではありませんが、常に、自分は公的な仕事をしている、後ろに日の丸を背負っているという自覚を持っています。日本が「Japan as number one」と言われていた時代ならいざ知らず、もう20年以上も低成長の時代が続き、国家の財政は火の車で、国内でも貧困層の増加が指摘されている昨今です。

　そうした状況下でもODA予算がなくならないのは、日本政府が世界への貢献を続けたいと願っているだけではなく、ODAが国民の一定の支持を辛うじて保っているからではないかと思います。日本国民のODA事業に対する思いを無理やりに凝縮させると以下のような感じになるのではないかと思います。

　「おれたちの暮らしも楽じゃない。バブルがはじけてから、何年も給料が上がらない。ただ、仕事は少しずつ大変になっている。でもね、この広い世界には、おれたちよりもずっとずっと苦しい生活を強いられている人、大変な思いをして日々暮らしている人がまだまだたくさんいるというじゃないか。だったら、おれたちの納める税金の一部をそういう人たちの生活の改善に回してもらってもいいよ。だから、途上国でそうした人々のために働いている人たち（含む開発コンサルタント）よ、おれたち日本国民の代表として、精一杯がんばってくれ」。

　こうした国民の期待を開発コンサルタントは背負っていると私は考えています。したがって、出張中に「尊い国民の税金でこの仕事をやらせていただいている」ということを忘れたことはただの一度もありません。

　私は、今後ももうしばらくは、開発コンサルタントの仕事に従事すると思い

ますが、初心を忘れず、国民の代表として海外に赴き、諸外国の方たちと触れ合うことのできる身分に感謝して、努力していきたいと思います。

本書を締めくくる前にもうひとつ記しておきたいことがあります。それは、執筆中に発生した新型コロナウイルス感染症の世界的な流行についてです。2020年の1・2月ころから、最初は東アジアで広がり始めました。日本は当初、他国から不思議がられるくらいうまく対処していましたが、残念ながら2020年7月の段階で、日本にもいわゆる「第2波」が到来しており、予断を許さない状況です。コロナ禍により、私たち開発コンサルタントの生活も様変わりしました。2020年の4月ころから海外渡航はできなくなり、今は、個々のプロジェクト活動もすべて遠隔で現地とのやりとりを行うことで、何とか動きを止めないようにがんばっています。私が従事しているプロジェクトでも、本来現地で普通に行うはずであった集合研修を順次、オンライン研修に切り替え、慣れないビデオ録画に取り組んだりしています。今後、ワクチンや治療薬が開発されて世界中に供給され、事態が落ち着くまでは、こうした我慢の日々が続くことでしょう。自分たちの仕事のやりにくさもさることながら、世界中でより弱い立場の人々にどういう影響が及ぶかが心配ですね。日本政府・JICAのみなさんも、今自分たちにできることはないかと、我々以上に困難に直面する可能性のある開発途上国のみなさんを支援する取り組みを模索しておられます。

時間は多少かかっても、事態が改善する日は必ずや来ると思いますから、それまでは、単に我慢するのではなく、今だからこそできることにチャレンジしていきたいと思います。個人的には、上に述べたように、新たな研修やプロジェクト活動の方法を創造したり、比較的時間の余裕のあるうちにいろいろな勉強をしたりして、力を蓄えたいと思っています。さらに、コロナ禍が収まっても以前と全く同じようなライフスタイルには戻れないかもしれませんから、ODA事業や開発コンサルティングも新たな挑戦を続けることになるでしょう。この先いろいろな困難も予想されますが、過度に将来を悲観せず、うつむかないで歩んでいきたいと思います。

本書の執筆に際しては、自分の知識・経験に頼りすぎず、できるだけ内容が正確になるよう、一般公開されている日本政府やJICA、その他国際協力に従

事されているいろいろな機関の情報を多数引用させていただいたことをお断り
しておきます。もし、ODA 事業に関する記載内容に事実誤認や不正確な記述
がありましたら、先にお詫びするとともに、適宜、ご指導いただけたらと存じ
ます。

　最後に、開発コンサルタントとして長年、ODA 事業に関わる機会を与えて
いただいた日本政府・JICA の方々に感謝申し上げます。また、これまでご指
導いただいた方々、国内外で一緒に汗を流してきた仕事仲間の方たち、そし
て、海外で本書の礎となる貴重な経験を共有いただいたみなさん、お名前は省
略いたしますが、お世話になった方々に御礼申し上げます。

著者紹介

笹尾　隆二郎（ささお・りゅうじろう）

1960年生まれ。ICNet（アイ・シー・ネット）株式会社技術顧問。早稲田大学法学部卒。ブリティッシュ・コロンビア大学経営学部大学院修了（MBA）。銀行業務、経営コンサルティング業務に従事した後、国連世界食糧計画（WFP）を経て、1995年よりICNet株式会社にて開発コンサルティング業務に従事。2006年より現職。全能連認定マスター・マネジメント・コンサルタント。国際開発学会会員、国際P2M学会会員。学術論文：「P2M手法に基づいた効果的なODAプロジェクトの実施方法の考察」（『国際プロジェクト・プログラムマネジメント学会誌』第12巻1号、pp.189-209、2017年）ほか多数。
著者連絡先 E-mail：ryusasao@yahoo.co.jp

開発コンサルタントという仕事
国際協力の現場を駆けめぐる

2020年10月25日　第1版第1刷発行

著　者─── 笹尾隆二郎
発行所─── 株式会社日本評論社
　　　　　 〒170-8474　東京都豊島区南大塚3-12-4
　　　　　 電話　03-3987-8621（販売）　03-3987-8595（編集）
　　　　　 ウェブサイト　https://www.nippyo.co.jp/
印　刷─── 精文堂印刷株式会社
製　本─── 井上製本所
装　幀─── 菊地幸子
検印省略 © Ryujiro Sasao, 2020
ISBN978-4-535-55985-1　　Printed in Japan